Library of the Legislature

Sixth supplement to the Alphabetical Catalogue

Of the Library of the Legislature, Province of Quebec

Library of the Legislature

Sixth supplement to the Alphabetical Catalogue
Of the Library of the Legislature, Province of Quebec

ISBN/EAN: 9783744720137

Printed in Europe, USA, Canada, Australia, Japan

Cover: Foto ©Andreas Hilbeck / pixelio.de

More available books at **www.hansebooks.com**

SIXTH SUPPLEMENT

ALPHABETICAL CATALOGUE

OF THE

LIBRARY

OF THE LEGISLATURE

PROVINCE OF QUEBEC

CONTAINING THE BOOKS, PAMPHLETS, MAPS, &c., ADDED TO THE
LIBRARY IN 1879 AND 1880.

QUEBEC
—
1881

SIXIÈME SUPPLÉMENT

AU

CATALOGUE ALPHABETIQUE

DE LA

BIBLIOTHEQUE

DE LA LEGISLATURE

PROVINCE DE QUEBEC

CONTENANT LES LIVRES, LES BROCHURES, LES CARTES, &c. AJOUTÉS
A LA BIBLIOTHÈQUE PENDANT LES ANNÉES 1879 ET 1880.

QUÉBEC
—
1881

AGRICULTURE

AGRICULTURE, ARBORICULTURE, HORTICULTURE.

ACTE pour abroger deux certains actes y mentionnés relatifs à l'agriculture, et pour remédier aux abus préjudiciables à l'agriculture. In-12, *Toronto*, 1850.

AMERICAN AGRICULTURIST, for the farm, garden and household. Established in 1842—(40 pages in-4 by number), *New-York*.

ANNUAIRE STATISTIQUE, première année, 1878. Royal 8vo, *Paris*.

ANNUAL REPORT of the Commissioner of Agriculture and Arts, for the year 1879. In-8, *Toronto*, 1880.

APPENDIX to the report of Agriculture for the year 1879. In-8, *Ottawa*.

Barnard (Edward). Leçon d'agriculture, causeries agricoles· In-12, orné de 120 gr., *Montréal*, 1875, B. C. vol. 191.

Bossin (M.). Les plantes bulbeuses. Espèces, races et variétés. Procédés de culture. 2 vol. in-12, *Paris*, 1872.

BRIDGEMAN. The young gardener's assistant. Part 1. Vegetable department. Part 11. Flowers department. In-8.

CATALOGUE OF THE UNIVERSITY of Vermont and State Agricultural College, 1879-80. Pamp. in-8, 41 pages.

COMPTE-RENDU des travaux de la Chambre d'Agriculture du Bas-Canada, année 1859. In-8, B. C. vol. 196.

B. C. signifie *Brochures Canadiennes*.

COMPTE EN MATIÈRES ET EN DENIERS de l'exploitation du monopole des tabacs, pour 1874. (Achat, fabricature et vente). In-4to, *Paris.*

CONCOURS D'ÉLOQUENCE sur l'Agriculture. Institut Canadien de Québec. 116 pages in-8vo, *Québec*, 1879, B. C. vol. 171.

CONGRÈS INTERNATIONAL de l'Agriculture tenu à Paris, les 11, 12, 13, 14, 15, 16, 17, 18 et 19 juin 1878. Comptes rendus sténographiques no. 1 de la série. Petit in-4to., *Paris*, 1879.

Corbett (A.). The poultry yard and market, or practical treatise on gallinoculture. In-8, 83 pages, *Jamaica*, N.-Y., B. C. vol. 182.

Cuissset (Oct.). Sucre de Betteraves, *Québec*, 1877. (30 pages Gr. in-8.

Damourette (E.). Calendrier du métayer. In-12, *Paris.*

Dampierre (Le Mqs. de). Races bovines de France, d'Angleterre, de Suisse et de Hollande. 2e édition. In-12, *Paris.*

Dawson (J. W.) First lessons in scientific agriculture for schools and private instructions. In-18, *Montréal*, 1870.

Delchevalerie (G.). Les orchidées. Culture, propagation, nomenclature. In-12, *Paris.* (Ouvrage orné de 32 gravures).

——————— Plantes de serre chaude et tempérée, construction des serres, culture etc., (9 gravures). In-12, *Paris.*

Dixon (H. Hall). The law of the farm, with a digest of cases, and including the agricultural customs of England and Wales. 4th edition, by H. Perkins. 8vo, *London*, 1879.

Drapeau (Stanislas). Appel aux municipalités du Bas Canada. La colonisation du Canada envisagée au point de vue national. In-8, 12 pages, *Québec*, 1858, B. C. vol. 194.

Dubost (P.C.) et Pacout (C.). Comptabilité de la ferme. In-12, *Paris*, 1872.

Du Hays (Charles). Le cheval percheron. Production, élevage, etc. In-12, *Paris.*

Dupuis (A). Arbres d'ornement de pleine terre, (40 grav.) 2e édition. In-12, *Paris*, 1878.

—————Arbrisseaux et arbustes d'ornement, de pleine terre, (25 gravures) In-12, *Paris.*

Dupuis (A.). Conifères de pleine terre, (47 gr.) In-12 *Paris.*

Ecole d'agriculture de Ste. Anne de la Pocatière. Rapport pour 1869-70. 11 pages in-12; *Ste. Anne,* 1871. B. C. vol. 180.

————————de Ste. Anne de la Pocatière. Rapport po ir 1877-78. 20 pages in-8vo, *Ste. Anne,* 1878, B. C. vol. 173.

Farmer's friend and guide for 1880 (The). In-4to, *New-York.*

Gasparin (Le Cte de). Métayage, contrat-effets, etc., Guide des propriétaires de biens soumis au métayage. In-12, *Paris.*

——————————Fermage. Guide des propriétaires de biens affermés. 3e édition. In-12, *Paris.*

Gayot (Eug.). Poules et œufs. In-12, *Paris.*

——————Lièvres, lapins et léporides. In-12, *Paris.*

Geoffroy Saint-Hilaire (Isidore). Acclimatation et domestication des animaux utiles. 4e édition. Gd. 8vo, *Paris,* 1861.

Girardin (J.) et **Dubreuil** (A). Traité élémentaire d'agriculture. 2e édition, avec 955 fig dans le texte. 2 vol. in-18 *Paris,* 1865.

Gossin (Louis). Eléments d'histoire naturelle avec nombreuses applications à l'agriculture et à l'industrie. Ouvrage orné de figures dans le texte. In-12, *Paris,* 1868.

Grandeau (L). Cours d'agriculture de l'école forestière. Chimie et physiologie appliquées à l'agriculture et à la sylviculture. Vol, 1er. La nutrition des plantes, l'atmosphère et la plante. Royal in 8, *Paris,* 1879.

——————Stations agronomiques et laboratoires agricoles But, organisation, installation, etc., 12 fig. In-12, *Paris.*

Gravures du bon jardinier. 23e édition, 47 pl. et 620 gr. dans le texte. In-12, *Paris.*

Henderson (Peter). Gardening for profit. A guide to the successful cultivation of the market and family garden. Illustrated. In-8, *New York,* 1875.

Heuzé (G.). Les plantes oléagineuses. 2e édition. 26 gravures. In-12, *Paris.*

Hough (Franklin B.). Report upon forestry. In-8 *Salem,* 1878. 14 pages.

Hough (F. B.). Public health interests concerned in the preservation of certain primeval forests and in the cultivation of groves and trees. (A paper read in *Baltimore*. In-8· 10 pages.

——————On the duty of government in the preservation of forests. In-8. 10 pages.

——————Essay on the climate of the state of New-York, prepared at the request of the Executive Committee of the State Agricultural Society, and published in the 15th vol, of their transactions. In-8, *Albany*, 1857. 48 pages.

Huart du Plessis. La chèvre. In-12, *Paris*, 1872.

——————Le noyer. Traité de sa culture, suivie de la fabrication des huiles de noix. 2e édition. 45 grav., In-12, *Paris*, 1867.

Informations for intending settlers. Muskoka and lake Nipissing districts. In-8, *Ottawa*, 1880. 21 pages.

Joigneaux (P.). Petite école d'agriculture. In-18, *Paris*, 1874.

——————Les champs et les prés. 3e édition. In-12, *Paris*.

——————Les choux. Culture et emploi. In-12, *Paris*.

——————Conférences sur le jardinage et la culture des arbres fruitiers. 2e édition. In-12, *Paris*.

Journal d'Agriculture (Le). Organe officiel du Conseil d'Agriculture de la Province de Québec. (No. prospectus, février 1877) Vol. I, commence le 12. juillet, 1877. Un no. chaque mois. Gr. in-4to. Publié à Montréal.

Journal d'Agriculture pratique. Seconde partie de la maison rustique du XIXe siècle, 1875 à 1879 inclusivement. 9 vol., Gr. in-8, *Paris*.

Lachaume (J.) Le rosier. Culture et multiplication. Ouvrage orné de 34 gravures. In-12, *Paris*, 1874.

——————Le champignon de couche. Culture bourgeoise et commerciale. In-12, *Paris*, 1876.

Langevin (Jean). Answers to the programmes of teaching and agriculture, for elementary school, model school and academy diplomas. 50 pages. 8vo., *Québec*, 1864, B. C., vol. 179.

LaRoque (D. G). Manuel d'horticulture fruitiére. In-8, *Lévis*, 1880, 168 pages.

LaRue (Hubert). Petit manuel d'Agriculture, d'horticulture, et d'arboriculture. In-18, *Québec*, 1878.

Laveleye (Emile de). Essai sur l'économie rurale de la Belgique. 2e édition. In-12, *Paris*, 1875.

Lecouteux (Ed.). Culture et ensilage du maïs-fourrage et des autres fourrages verts. In-12, 1875.

Lefour. Comptabilité et géométrie agricoles. 2e édition. In-12, *Paris*.

———————Sol et engrais, précédé de notions de chimie et météorologie agricole. 5e édition. In-12, Paris.

————————Le cheval, l'âne et le mulet. Extérieur, race, élevage, etc., 4e édition avec 136 gravures. In-12, *Paris*, 1872.

Lemaire (Chs.). Les cactées. Histoire, patrie, culture, etc., 11 gravures. In-12, *Paris*.

Léouzon (L.). Manuel de la porcherie. In-12, *Paris*, 1875.

Loisel. Asperge. Culture naturelle et artificielle. 2e édition. In-12, *Paris*.

————————Melon. Nouvelle méthode de cultiver le melon sous cloches, sur buttes et sur couches. 7e édition. In-12, *Paris*.

Macdonald (James). Food from the Far west, or American agriculture, with reference to the beef production and importation of dead meat from America to Great Britain. In-12, *London*, 1878.

Magne (J. H.). Choix des vaches laitières, ou description de tous les signes à l'aide desquels on peut apprécier la qualités lactifères des vaches. 7e édition. In-12, *Paris*. 33 fig.

Marx-Lepelletier. Roses-pensées, violettes, pétunias, verveines, primevères, auricules, balsamimes, pivoines. Espèces, variétés, culture. In-12, *Paris*.

Mathieu de Dombasle (C. J. A). Traité d'agriculture, publié sur le manuscrit de l'auteur, par son petit fils—1ère partie, économie générale ; 2e partie, pratique agricole ; 2 vol. ; 3e partie, bétail ; 4e partie, comptabilité. 5 vol. 8vo, *Paris*, 1861-4.

Menault (Ernest). Les insectes considérés comme nuisibles à l'agriculture. Moyens de les combattre. In-12, *Paris*, 1866.

Michel (L. C.). Colonie de Citeaux. Sa fondation, son développement et ses progrès, son état actuel. In-12, Citeaux, 1873.

Millet-Robinet (Mme). Basse-cour. Pigeons et lapins. 7e édition. In-12, *Paris*, 1875.

————————————Economie domestique. 4e édition. In-12, *Paris*.

————————————Maison rustique des dames. 10e édition. 2 vol. in-18, avec gravures, *Paris*.

Minority report of the committee on agriculture, recommending a geological survey of the State. In-8, Baton-rouge, 1858, 18 pages. Vide vol. *Phamphlets on science and industry*.

Mongredien (Augustus). The western farmer in America. In-32, *London*, 1880.

Montreal horticultural society. List of Premiums offered. 13 pages, 8vo, *Montreal*, 1879, B. C. vol. 181.

Mortillet (P de). Arboriculture fruitière. Les meilleurs fruits par ordre de maturité et par série de mérite ; culture et soins qu'ils réclament. Silhouettes et dessins des fruits, fleurs et noyaux en grandeurs naturelle. Tome 111e. Le poirier. In-8, *Grenoble*, 1870.

Mussa (Louis). Pratique des engrais chimiques, suivant le système Georges Ville. In-12, *Paris*, 1873.

Naudin (Charles). Le potager. Jardin du cultivateur. In-12, *Paris*.

Paddoch (Hon. A. S.). Speech in the Senate, feb. 1879, on agricultural interests. In 8, *Washington*, 1879, 19 pages.

Pelletan (J.). Pigeons, dindons, oies, canards. In-12 *Paris*, 1873.

Perrault (J.). Compte-rendu des travaux de la chambre d'agriculture du B. C. année 1859. 24 pages, 8vo. *Montéral*, B. C. vol. 196.

Prize for arboriculture offered by the trustees of the Massachusetts Society for promoting agriculture. In-8, 29 pages, *Boston*, 1876.

Proulx (Rev. Narcisse). Les écoles d'Agriculture de la Province de Québec vengées. Réponse à une " Etude sur l'éducation agricole" de l'Hon. Louis Beaubien. 33 pages 8vo, *Ste. Anne*, 1871, B. C. vol. 174.

Puvis (A.) Arbres fruitiers. Taille et mise à fruit. 5e édition. In-12, *Paris*, 1873.

QUEBEC HORTICULTURAL SOCIETY. List of officers and shedule of prizes offered in 1867, also rules and regulations. In-18, *Quebec*, 1867, 11 pages. B. C. vol. 210.

———— ———— ———— ———— Second annual exhibition under the distinguished patronage of his excellency Sir Narcisse and Lady Belleau. Schedule of prizes offered for the year 1868. B. C. vol. 206.

RAPPORT DU COMITÉ SPÉCIAL sur l'état de l'agriculture du Bas-Canada. In-12, *Toronto*, 1850, B. C. vol, 202.

RAPPORT GÉNÉRAL du Commissaire de l'Agriculture et des Travaux Publics de la Province de Québec pour l'année finissant le 30 juin 1879. In-8, *Québec*.

RAPPORT du Comité permanent de l'Immigration et la Colonisation, In-8, *Ottawa*, 1879.

RAPPORT de l'Ecole d'Agriculture de Ste. Anne de la Pocatière, 1869-70. In-18, *Ste. Anne de la Pocatière*, 1871.

RAPPORT de l'Ecole d'Agriculture de Ste. Anne, 1876-77, in-18, *Ste. Anne de la Pocatière*.

RAPPORT de l'Ecole d'Agriculture et de la ferme-modèle de Ste. Anne, pour l'année 1863. In-8, *Ste. Anne de la Pocatière*. 1864, B. C., vol. 201.

RAPPORT sur les chemins de colonisation pour l'année 1861, De la Bruère, Russell, Lepage et Drapeau. In-8, *Québec*,1862.

RAPPORTS, (premier et second) du comité spécial nommé pour s'enquérir des causes qui retardent la colonisation des township de l'Est du Bas-Canada. In-8, *Québec*, 1851.

REPORT upon Cotton insects, prepared under the direction of the Commissioner of Agriculture in pursuance of an act of Congrès. In-8, Washington,1879.

REPORT (general) of the Commissioner of Agriculture and public works of the province of Quebec, for the year ending 30th June, 1879. In-8, *Québec*, 1879.

REPORT of experiments with American guano. In-8, *New York*, 1859. 27 p., Voir: Pamphlet on science and industry.

REPORT of the select standing committee on immigration and colonisation. 8vo., *Ottawa*, 1879.

REPORT (fifth) of the Montreal horticultural society and fruit growers association of the province of Quebec for the year 1879. In 8, *Montreal*, 1880.

REPORT of the select standing committee on immigration and colonisation. Br., 8vo. *Ottawa*, 1879.

REPORT of the Minister of Agriculture of the Province of Canada, for the first six months of the year 1867, preceding the confederation. Br., in-8, *Ottawa*.— Contents : Legislature of Canada.—Civil service.—Education and scientific institutions.—Public institutions.—Administration of justice.—Miscellaneous. —Table of parishes.

REPORT of the Minister of Agriculture for the Dominion, for 1879. In-8, *Ottawa*.

REPORTs of the Montreal horticultural society and fruit growers' association of the Province of Quebec for the year 1878. 2 br. in-8, *Montreal*, 1879.

RIPORT OF THE PIONEER SOCIETY of the State of Michigan, together with reports of County, Town, and districts pioneer societies. Vol, 2nd. In-8, *Detroit*, 1880.

Reeves (J. H). The Orange county stud book, giving a history of all noted stallions bred and raised in Orange county. To which is added a complete history of the horse in all countries, in health and in sickness, with a thorough treatise on his breeding, breaking, shoeing and curing. Added to which is given a list of the best trotting horses and famous races in the U. S. in-8, *New-York*, 1880.

REVUE agricole, manufacturière, commerciale et de colonisation, publiée sous la direction de J. Perrault. Vol,V1 et VII, 1866-67 et 1867-68, Gd. in-8, *Montreal*.

Richard (A.). Dictionnaire raisonné d'agriculture et d'économie du bétail suivant les principes élémentaires des sciences naturelles appliquées. 2e edition. 2 vol. Gd. 8vo, *Paris* 1874.

Riondet (A.) L'olivier. In-12, *Paris.*

Tassé (Elie). Le Nord-Ouest. La province de Manitoba et les ter. ritoires du Nord Ouest. Leur. étendue, salubrité du climat, etc.......Br. in-8, *Ottawa,* 1880. 72 pages.

Rutlan's ventilation and warming ; or how to make home healthy. Air, light, food, drink. In-8, 60 pages, *Peterborough,* 1870.

Sacc (le docteur). Chimie du sol 3e édition. In-12, *Paris.*

———— Chimie des animaux. 3e édition. In-12, *Paris.*

———— Chimie des végétaux. 3e édition. In-12, *Paris.*

Schwerz. Manuel de l'agriculteur commençant. 5e édition. In-12· *Paris.* Traduit par Chs. et Félix Villeroy

Seventh annual report of the secretary of the state board of Agriculture for the year ending Aug. 31, 1878. In-8, *Lansing,* 1878.

Spence (Thomas). Voir : *Manitoba.*

Supplément au rapport du ministre de l'agriculture pour l'année 1879. In-8, *Ottawa,* 1879.

The canadian agriculturist, manufacturing, commercial and colonization intelligence ; official series of the agricultural board and societies. Published under the direction of J. Perrault, 1861-1867. 6 vol, Gd. in-8, *Montreal.*

Thomas (John) J.). Farm implements and farm machinery and the principles of their construction and use : with explanations of the laws of motion and force as applied on the farm. With over 300 illustrations. New edition. In 18, *New-York,* 1879.

·———— Rural affairs, a practical and copiously illustrated register of rural economy and rural taste, including country dwellings, improving and planting grounds, fruit and flowers, domestic animals and all farm and garden processes. Vol. VIII. with 441 engravings, In-8, *Albany,* 1878.

Tobacco culture. Practical details from the selection and preparation of the seed and the soil, to harvesting. curing and marketing the crop, including several illustrative engravings ; also notes on tobacco worms, with illustrations. Br. gd. in-8, *New-York,* 1879. 48 p.

Vial. Engraissement du bœuf. In-12, *Paris.*

Vialon (P.). Le maraîcher bourgeois. In-12, *Paris.*

Vianne (Ed.). Les prairies artificielles. Orné de 127 vignettes. In-4to, *Paris,* 1877.

Vidalin (F.). Pratique des irrigations en France et en Algérie, (ouvrage médaillé) In-12, *Paris,* 1874.

Zaconne (V. J.) Les plantes fourragères. 60 pl. représentant les gramminées en grandeur naturelle, avec légende explicative. 3e édition. Folio, *Paris,* 1874.

ÉCONOMIE DOMESTIQUE, IMMIGRATION, COLONISATION.

EASTERN TOWNSHIPS. Dominion of Canada. Information for intending emigrants. 8 pages in-8vo., *Ottawa,* 1879, B. C. vol. 211.

EMIGRATION. The British farmer's and farm laborer's guide to Ontario, the premier Province of the Dominion of Canada. In-8, *Toronto,* 1880. With chart and engravings. 108 pages.

EMIGRATION TO CANADA. The Province of Ontario ; its soil, climate, resources, institutions, free grant lands for the information of intending emigrants. 34 pages in-8-vo, *Toronto,* 1869, B. C. vol. 201.

EXTRACTS from surveyors' reports of township surveys in Manitoba, Keewatin, and N. W. Territories. 1879. In 8, 82 pages. B. C., vol. 196.

French (T. P). Information for intending settlers on the Ottawa and Opeongo road, and its vicinity. In-12, *Ottawa,* 1857. (36 pages) B. C. vol. 205.

GUIDE DU COLON. Province de Québec, 1880. In-8, *Lévis.* Nouvelle édition avec cartes.

Head (Sir Francis Bond). The emigrant. 4th edition. In-12, *London, and Canada,* 1846.

IMMIGRATION AND COLONIZATION. First report of the Select committee (on). 44 pages in-8vo, *Ottawa,* 1875-76, 54 p. 1877, 257 p. 1878, 174 p. 1879, 148 pages. B. C. vol. 186.

IMMIGRATION AND COLONIZATION. Second report of the Select Committee (on). 19 pages in-8vo, *Ottawa*, 1783, B. C. vol. 186.

Lacasse (Rév. P Zach.). Une mine produisant l'or et l'argent, découverte et mise en réserve pour, les cultivateurs seuls, par leur ami. In-18, *Québec*, 1880.

LA PROVINCE de Manitoba et le territoire du Nord-Ouest. Informations pour les immigrants (Traduit de l'Anglais). In 8, *Ottawa*, 1880. 30 pages, B C vol, 173.

MANITOBA. Province de Manitoba et territoire du Nord Ouest du Canada. Informations à l'usage des émigrants. 68 pages 8vo, *Ottawa*, 1878, B. C. vol. 201.

————— Informations pour les émigrants. 27 pages, 8vo, *Ottawa*, 1880, B. C. vol. 201.

—————— Dominion of Canada. Manitoba and the North West,the Great wheat fields, and stock-rising districts of Canada. 24 pages 8-vo ; Montreal, 1879, B. C., vol. 201.

—————— Dominion of Canada. The Province of Manitoba and North West territory. Informations for intending emigrants. 3rd edition. 22 pages 8-vo ; *Ottawa*, 1879.

MUSKOKA and Lake Nipissing District. Informations for intending settlers. 21 pages 8-vo., *Ottawa*, 1880, B. C. vol 201.

PREMIER et second rapports du comité spécial nommé pour s'enquérir des causes qui retardent la colonisation des townships de l'Est du Bas-Canada 170 p. 8vo., *Québec*, 1871, B. C., 181.

Ross (Alex.) The Red river settlement, etc. Voir : Histoire du Canada.

SAGUENAY (Le) et le Lac St. Jean, ressources et avantages qu'ils offrent aux colons et aux capitalistes. 54 pages in-8vo., *Ottawa*, 1879 B. C., 201.

SETTLERS' GUIDE. Province of Quebec, 1880. Br., in-8, *Montreal.*

Spence (Thomas) Manitoba et le Nord Ouest du Canada. Ses ressources et ses avantages pour l'émigrant et le capitalistes comparés aux états américains de l'ouest, etc. In-8, *Ottawa*, 1875, 39 pages, B. C., vol. 181.

ART HÉRALDIQUE,

Lodge (Edm.) The peerage and baronetage of the British empire as at present existing. In-4to., *London*, 1879.

BEAUX ARTS.

CHEFS-D'ŒUVRE D'ARTS (The) of the Paris universal exhibition, 1878 In-fol., india paper, *Philadelphia*.

CONSTITUTION de l'Académie de Musique de Québec. Br., In-8, *Québec*, 1876. 10 pages.

Dufaud. Manière de construire les cartes à fresque. Br. 8vo avec planches. *Paris*, 1874.

Duplessis (Georges). Les merveilles de la gravure. Ouvrage illus-lustré de 34 gravures par Sellier. In-18, *Paris*, 1877.

————————Histoire de la gravure en Italie, en Espagne, en Allemagne, dans les Pays-Bas, en Angleterre et en France, contenant 73 reproduction de gravures anciennes. Petit in-4to, *Paris*, 1880.

Fétis (F. J.) Histoire générale de la musique depuis les temps les plus anciens jusqu'à nos jours. 5 vol., royal in-8, *Paris*, 1869.

Fromentin (Eugène) Les maîtres d'autrefois. Belgique, Hollande. 3e édition. In-12, *Paris*, 1877.

Lesbazeilles (E.). Les colosses anciens et modernes. Ouvrage illustré de 33 gravures. In-18, *Paris*, 1876.

Lottin de Laval (M.) Manuel complet de lottinoplastique : l'art du moulage de la sculture en bas-relief et en creux, mis à la portée de tout le monde, sans notions élémentaires, sans apprentissage d'art, précédé d'une histoire de cette découverte. In 32, *Paris*, 1857.

Marie (F. G). Eléments d'architecture. Dessins linéaires tirés des monuments et des auteurs classiques, à l'usage de l'enseignement scolaire. Folio, *Paris*, 1875.

Médailles sur les princïpaux événements du règne de Louis XIV. Voir : Histoire de France.

Notice sur l'église de Notre-Dame de Montréal, ornée de 16 gravures. Dédiée aux familles canadiennes. In-8, Montréal 1850. 32 pages, B. C. vol. 193.

Pe ch (Dr. James). An analytical and critical synopsis of a selection of piano-forte literature, etc., given before the Montreal literary club, 1865. Gr. in-8. 71, pages, *Montreal.* B. C. vol. 183.

Table rock Album and sketches of the falls and scenery adjacent Br. in 12, *Buffalo*, 1855. 120 pages.

Views of the City of Quebec and environs, as portraited in a few drives and river trips. In-32. 16 pages.

BIBLIOGRAPHIE.

Bibliographie catholique. Revue critique des ouvrages de religion, de philosophie, d'histoire, etc. Années 1879 et 1880. Tômes 49, 50, 51 et 52. 4 vol. in-8. Paris.

Boisseau (A.) Catalogue des livres de la Bibliothèque de l'Institut-Canadien de Montréal, etc., 1er supplément. 47 pages In-8vo., *Québec*, 1870, B. C. vol. 200.

Catalogue de la bibliothèque du parlement. 1ère partie. Droit et économie politique. Suivi d'un index. Gr. in-8 *Ottawa*, 1880.

Catalogue de la bibliothèque du barreau de Québec, (livres français.) In-12, *Québec*. 1876, B. C., vol. 209.

Catalogue de la bibliothèque de la Législature de Québec. In-12 *Québec*. B. C. Vol. 209.

Catalogue of books in the library of the Legislative Assembly of Canada. In-8, *Kinsgton*, 1842. B. C. Vol. 209.

CATALOGUE de la bibliothèque de la ville de Lille :
Sciences et arts. In-8, 1839.
Belles-Lettres. In-8, 1841.
Histoire. 2 vol. in-8, 1851-56.
Théologie. In-8, 1859.
Ouvrages légués par M. J. B. H. J. Des Mazières :
In-8, 1867.
Jurisprudence, In-8, 1870
1ère partie du supplément aux Sciences et Arts.
In-8, 1875.
2e partie du supplément aux sciences et arts. In-8.
1879.

CATALOGUE de l'Exposition scolaire. Voir : Exposition.

CATALOGUE de livres Canadiens et de quelques ouvrages français
sur le Canada, anciens et modernes. No. 1. Sept.
1878. J. O. Filteau. In-8. St-Roch de Québec.
(22 pages). B. C. Vol. 203.

CATALOGUE des livres de la bibliothèque de l'Institut-Canadien,
classés par ordre de matière et arrangé alphabéti-
quement, par A. Boisseau. In-8, *Montréal*, 1870.
(47 pages).

Supplément No. 1. 1876. (13 pages).

CATALOGUE des brochures de la bibliothèque de la Législature de
Québec. B. C. 185

CATALOGUE des membres de la Congration N. D. Haute-Ville. (30
pages). In-12, *Québec*, 1878. B. C. Vol. 195.

CATALOGUE du Ministère de l'Instruction Publique, des Cultes et
des Beaux-arts. Tome 1. Catalogue de la bibliothèque du Corps enseignant. Tome II. Missions
et voyages scientifiques. Exposition théâtrale. 2
vol. in-18, *Paris*, 1878.

CATALOGUE of the University of Vermont and State Agricultural
College. 1880-81. In-8, *Burlington*, 1880. (45
pages.

CATALOGUE of the Library of the House of Assembly.—Bibliothèque
de la Chambre d'Assemblée. In-32, 1825. B. C.
Vol. 209.

CATALOGUE des livres appartenant à la bibliothèque de la Chambre d'Assemblée —Catalogue of books in the library of Assembly. In–18, *Québec*, 1835. B. C. Vol. 209.

CATALOGUE of the library of the Canadian Institute. In–8, *Toronto*, 1858. B. C. Vol. 209.

CATALOGUE of the books in the Legislative library, 1876. In–8, *Halifax.*

CATALOGUE of the Provincial Exhibition at Montreal, Sept., 1865. In–8. (62 pages).

COMMISSION BELGE d'échanges internationaux, sous la présidence de S. A. R. Mgr le comte de Flandre. Exposé de la fondation de la Commission et des travaux de la 2e section jusqu'au 31 juillet 1877. Bro. 8vo. *Bruxelles*, 1877.

CONDENSED CATALOGUE of manuscripts, books and engravings on exhibition at the Caxton celebration, held june, 1877, in Montreal, in commemoration of the 400th, anniversary of the introduction of printing in England. In–8. *Montreal*, 1877. (83 pages).

POLYBIBLION.— Revue bibliographique universelle 1879-1880. Deux livraisons ensemble chaque mois. L'une contient la partie technique et l'autre la partie littéraire. 2 vol. grd. in–8, par année.

PREMIER, deuxième, troisième et quatrième suppléments au catalogue de la Bibliothèque de la Législature. B.C. 185.

Sabin (Joseph) A dictionary of books relating to America from its discovery to the present time, parts 71 to 76. 5 vols. In–8, *New-York*, 1879–1880.

SUPPLEMENT to the alphabetical catalogue of the library of Parliament. Bro. in–8, *Ottawa*, 1880.

SUPPLEMENTARY CATALOGUE. Library of Ontario Parliament, 1878. B C. Vol. 185.

TWENTY EIGHTH ANNUAL REPORT of the trustees of public library of Boston, 1880. In–8. (65 pages).

Fontaine de Resbecq (A. de)—Voyages littéraires sur les quais de Paris. Lettres à un bibliophile de Province. I ,-18. Paris, 1857.

BIOGRAPHIE.

ANGERS (l'Hon. M. F. R.). Sa notice biographique, écrite par un anonyme, dans *Le journal des Trois-Rivières* reproduite par le *Canadien*, et extrait de ce dernier journal. Vol. 193.

BACHAND (Hon. P.). Sa notice biographique, etc. Vide : *Politique.* Vol. 183.

BACHAND (l'Hon. M. Pierre). Courte notice biographique. Ses obsèques. (Extraits de journaux.) Vol. 190.

CANADIAN PORTRAIT gallery (the). 4 vols. in-4to (when complete). *Toronto,* 1880.

Campeau (F. R. E.). Illustrated guide to the House of Commons and Senate of Canada. Containing the portraits and autographs of His Excellency the Governor General, the members of the Cabinet, and the members and officers of both Houses, &c. In-12, *Ottawa,* 1879.

BIOGRAPHIE du cabinet Joly. B. C. Vol. 194.

Charpentier. La vie de Socrate, précédée de Xénophon : Les choses mémorables de Socrate. In-18.

Cooper (Thompson). Men of the time. A dictionary of contemporaries, containing biographical notions of eminent characters of both sexes. 10th edition. In-16, *London,* 1879.

CRITICUS. Biographie critique des orateurs les plus distingués et principaux membres du Parlement d'Angleterre, dédiée à Leigh Hunt, esquire. In-8, *Paris,* 1820.

Cuvier (G.). Eloges historiques, précédés de l'éloge de l'auteur, par M. Flourens. 3e édition. 8vo, *Paris.* 1874.

David (L. O.). Biographies et portraits. In-8, *Montréal,* 1876.

Doubleday (Thos.). The political life of the Right Hon. Sir Robert Peel, bart. 2 vols. In-8, *London,* 1856.

Esquisse biographique sur Mgr. De Montmorency-Laval de Montigny, premier évêque de Québec. (55 pages). In-18, *Québec*, 1845. Vol. 206.

Faughnan (Thomas). Stirring incidents in the life of a british soldier. An autobiography. 2nd edition. In-12, *Toronto*, 1880.

Fromentin (Eugène). Les maitres d'autrefois. Belgique-Hollande. 3e édition. In-12, *Paris*, 1877.

Goepp (Ed.) et D'Ectot (H.). Les marins. 2 vols. Gd. 8vo. *Paris*, 1877. (Avec portraits.)

Goncourt (Edmond et Jules de). Idées et sensations. Gd. In-8, *Paris*, 1866.

Hichtman (Frs.) The public life of the R. Hon. Earl of Beaconsfield. 2 vols. in-8, *London*, 1879.

Gourlay (R. F.). Plans for beautifying New-York, and for enlarging and improving the city of Boston. Being studies to illustrated the science of city building. In-8, *Boston*, 1844. (40 pages.) Dans le volume intitulé "Pamphlets on science and industry."

Howitt (Wm.). Saunders' portraits and memoirs of eminent living political reformers. To which is annexed a copious historical sketch of the progress of parliamentary reform from 1734 to 1832. In-4to, *London*, 1840.

Marshall (John). The life of George Washington, &c. Voir: Histoire d'Amérique.

Maugin (Arthur). Les savants illustres de la France. Nouvelle édition, ornée de 16 portraits. Gd. 8vo, *Paris*.

Memoir of the life of John Hart, the celebrated robber, who was executed in Quebec, on the 10th day of Nov. 1826, for having been convicted of the robbery of the Roman Catholic Cathedral of that city. In-8. (13 p.) B. C. vol. 213.

National portrait gallery (the). 5 vols. In-4to, *London*, 1879.

Notice Biographique de l'Hon. P. B.chand, suivi du discours sur le Budget et la réplique de l'Hon. M. Church. B. C. Vol. 193.

Notice nécrologique de R. C. Tanguay, avocat, décédé le 15 mars, 1874, à Québec. Les funérailles—le barreau de Québec,—Deux lettres, (par J. M.). In-32. (17 pages). *Québec*, 1874.

Notice sur le bienheureux André Bobola, Jésuite Polonais, martyrisé le 16 mai 1657, et béatifié le 30 octobre 1853. In-32, *Montréal*, 1854.

Notice sur la vie et la mort de M. Mich. F. H. Prevost, prêtre du séminaire de St. Sulpice, curé d'office de Montréal. In-32, *Montréal*, 1864.

Notice nécrologique de P. A. Tremblay, écuier, député de Charlevoix aux Communes. B. C. Vol. 190.

Peltrie (Madame de La). Life of Madame de la Peltrie (Magdalen de Chavigny) foundress of the Ursuline Convent, Quebec, written expressly for the pupils and inscribed to them, by a Mother of the Community. In-32, *New-York*, 1859.

Rousseau (l'abbé). Notice sur les 70 serviteurs de Dieu mis à mort pour la foi en Chine, au Tong-King et en Cochinchine, déclarés vénérables par Grégoire XVI. In-18, *Paris*, 1846.

Sketch of the life of captain Joseph Brant, Thayendanagea, by Ke-Che-Ha-Gah-Me-Qua, Brandford. In-8, *Montréal*, 1873. (19 pages). B. C. Vol. 197.

Sirven (Alfred). Journaux et journalistes. In-12. 3e édition. *Paris*, 1865.

————————Journaux et journalistes. La presse. La liberté. Avec les portraits des rédacteurs. In-12, *Paris*, 1866.

Smith (Geo. B.). The life of the R. Hon. Wm. Eward Gladstone. In-8, *New-York*, 1880.

Socrate. Voir Charpentier.

Souvenirs du 4 novembre 1864. Voir: Histoire du Canada, mémoires, etc.

Stanhope (Earl). Life of the R. H. Wm. Pitt,—with extracts from his Ms. papers. New edition. 3 vols. In-8, *London*, 1879.

Tassé (Joseph). Un parallèle. Lord Beaconsfield et Sir John Macdonald. In-8. (41 pages.) *Ottawa*, 1880. B. C. vol. 191.

TREMBLAY député de Charlevoix. (P. A.). Courte notice biographique. Sa mort.—Sa dernière lettre au public. (Extrait de l'*Eclaireur*). Vol. 190.

Trolloppe (T. Adolphus). The story of the life of Pius the ninth. In-18. *Toronto*. 1877.

Vapereau (G.). Dictionnaire universel des contemporains. Ouvrage rédigé et tenu à jour avec le concours d'écrivains de tous les pays. 5e édition. Gd. in-8vo. *Paris*, 1880.

VIE DE LA MÈRE SAINTE MADELEINE, Supérieure de la Congrégation de Notre-Dame de Montréal. Par un ancien supérieur de communauté. 8vo, *Montréal*, 1876.

VIE DE SAINT GEORGES, martyr. III siècle.—Pape : St. Marcellin· Empereur : Dioclétien. 23 avril. Br. Gd. 8vo. (30 pages). *Montréal*, 1872.

WASHINGTON. Voir : Marshall.

DROIT AMÉRICAIN.—AMERICAN LAW.

Abbott (B. V.). General digest of the English and American cases upon the law of Corporations, for the ten years from July 1868 to July 1878, with acts of Congress. Being a supplement to Abbott digest of Corporations. Gd. 8vo, *New-York*, 1879.

AMERICAN CONSTITUTION. The American's Guide: comprising the declaration of independence; the articles of confederation; the constitution of the United-States, and the constitution of the several states comprising the Union. In-12, *Philadelphia*, 1841.

AMERICAN DECISIONS (the), containing all the cases of general value and authorithy, decided in the courts of the several States, from the earliest issue of the State Reports to the year 1879. Compiled and annotated by John Proffatt and Freeman. 21 vols. In-8, *San Francisco*, 1878-1880.

AMERICAN DECISIONS. Index to the Editor Notes in first fifteen vols., and table of cases re-reported in vol XI to XV of the American Decisions. 1760-1828. Br. In-8, *San Francisco*. 1880.

AMERICAN DECISIONS Index to the American Decisions, and the Editor's notes thereto, with a table of the cases reported. Vols one to twenty inclusive. 1760-1830, by J. Freeman. In-8. *San Francisco*, 1880.

Bateman (W. O). Political and constitutional law of the United States of America. 8vo., *St. Louis*, 1876.

Bours (Allen L.) Voir: Michigan: Manual for, etc.

Bump (O. F.) Notes on constitutional decisions: being a digest of the judicial interpretations of the constitution of the United States, as contained in the various federal and state reports. 8vo. *New-York*, 1878.

Burroughs (W. H.) A treatise on the law of taxation as imposed by the States and their municipalities, and as executed by the Government of the United States. 8vo. *New-York*, 1877.

CONNECTICUT. Journal of the House of Representatives. (Session 1879 and session 1880). 2 vols. In-8. *Hartford*.

—————Journal of the Senate. (Session 1879 and session 1880). 2 vols. In-8. *Hartford*.

CONNECTICUT. Public Acts of the State, (1879). In-8, *Hartford.*
Public Acts (1880). In-8, *Hartford.*
Special Acts and resolutions of the General Assem-
bly, (1879 and 1880). 2 vols. in-8, *Hartford.*

————Public documents of the Legislature, (1879). 2 vols.
In-8, *Hartford.* Public documents of the Legislature, (1880). 2 vols. In-8, *Hartford.*

————Public Records. Voir: " *Hoadly. Histoire d'Amérique.*

————Twelfth annual Report of the Secretary of the Board
of Agriculture, (1878-79). In-8, *Hartford,* 1879.

————Journal of the Senate, (1879). In-8, *Hartford,* 1879.

————Journal of the House of Representatives, 1879. In-8,
Hartford, 1879.

————Report (13th annual) of the Secretary of the Board
of Agriculture (1879-80). In-8, *Hartford,* 1880.

————Rules and forms for making up records of Judg-
ments, under the practice act. In-8, *New Haven,*
1880.

————The practice Act of the State of Connecticut, with
the orders, rules, and forms under the same, prepared by the judges of the Superior Court: and the
general rules of practice of the Supreme Court of
errors, and the Superior Court as revised in June,
1879. In-8, *Hartford,* 1879.

Hoadly (Charles J.). The public records of the Colony of Connecticut, from May, 1757, to March, 1762, inclusive,
transcribed and edited in accordance with a resolution of the General Assembly. Vol. XI. In-8,
Hartford, 1880.

ILLINOIS. Journal of the House of Representatives of the 31st Gen.
Ass. of the State, (1879). In-8, *Springfield.*

———— Journal of the Senate of the 31st Gen. Ass. of the State,
(1879). In-8, *Springfield.*

————Reports to General Assembly, 1877, 1878, 1879. 4 vols.
In-8, *Springfield.*

ILLINOIS. Twelfth annual insurance report of the auditor of public accounts of the State. Part 1st. Fire and Fire-Marine insurance. In-8, *Springfield*, 1880.

———Twelfth biennal report of the Superintendent of Public instruction, (1877-78). In-8, *Springfield*, 1879.

——— ——The Illinois School law, (1872-1879). An act to establish and maintain a system of free schools, (1872), including amendments made in 1877 and 1879, and all acts relative to schools, in force July 1st, 1879. In-8, *Springfield*, 1879.

———Eleventh annual insurance report of the auditor of Public accounts. Part II. Life and Accident Insurance, (1879). In-8, *Springfield*.

——— ——Report on the International Prison Congress, held at Stockolm, Sweden, August, 20-26, 1878. In-8, *Springfield*, 1879.

———Report of the Canal Commissioners. Dec. 1, 1879. Br. In-8, *Springfield*, 1880.

——— ——Report, (9th annual) of the Railroad and Wharehouse Commission, for 1879. In-8, *Springfield*, 1880.

———Biennial Message of the Governor of the State of Illinois to the 31st Gen. Ass. Pamph. 8vo. *Springfield*, 1879.

——— ——Sixth biennial Report of the State House Commissioners. Dec. 1878. Pamph. 8vo., *Springfield*, 1879.

——— ——First biennial Report of the Trustees, Architects and Treasurer of the Eastern Hospital for the Insane at Kankakee. Pamph. 8vo. *Springfield*, 1879.

——— ——Second biennial Report of the Trustees, Superintendent, Treasurer and Architect of the Eastern Hospital for the Insane. Oct. 1st, 1880. In-8, *Springfield*.

———Seventh biennial Report of the Trustees, Superintendent and Treasurer of the Illinois Asylum for feeble-minded children, at Lincoln. Pamph. 8vo. *Springfield*, 1878.

ILLINOIS. Report of the Commissioners of the Southern Illinois Penitentiary, Sept., 1878. Pamph. 8vo., 1878.

——Eleventh biennial Report of the Trustees, Surgeons and Treasurer of the Illinois Charitable Eye and Ear infirmary at Chicago. Oct. 1878. Pamph. *Sprinfield*, 1879.

——Fourteenth biennial Report of the Trustees, Superintendent end Treasurer of·the Institution for the blind, at Jacksonville. Oct. 1878. Pamph. 8vo. *Springfield*, 1879.

——Fifteenth biennial Report of the Trustees, Superintendent and Treasurer of the Institution for the blind, Jaksonville, 1880. In-8, *Springfield*.

——Third biennial Report of the Trustees, Superintendent, and Treasurer of the Southern Hospital for the Insane, at Anna. Oct. 1878. Pamph. 8vo. *Springfield*, 1878.

——Fourth annual Report of the State board of health. Pamph. *Springfield*, 1879.

—— Fourth biennial Report of the Trustees and Principal of the Southern Illinois Normal University, at Carbondale, Jakson County, Oct. 1880. Br. In-8, *Springfield*.

——Fifth biennial Report of the Trustees, Superintendent and Treasurer of the Illinois Soldiers' orphan's home, at Neumal, 1878. Pamph. 8vo. *Sprinfield*, 1879.

——Sixteenth biennal Report of the Trustees, Superintendent and Treasurer of the Central Hospital for the Insane, at Jacksonville. Oct. 1878. Pamph. 8vo. *Springfield*, 1878.

—— Thirty-eighth annual Report, and 19th biennial report of the Institution for the Education of the Deaf and Dumb, at Jaksonville, 1878. Pamph. 8vo. *Springfield*, 1879.

——Report of the Commissioners of the Illinois State Penitentiary for the two years ending Sept. 20, 1878. Pamph. 8vo. *Springfield*, 1878.

ILLINOIS. Report of the Commissioners of the Southern Hospital
     for the Insane, for 1878. Pamph. 8vo *Springfield*,
     1879.

———Eighth annual Report of the Railroad and Warehouse
     Commission, 1878. 8vo. *Springfield*, 1879.

———Transactions of the Department of Agriculture, with
     reports from Country Agricultural boards, for 1877.
     Edited by J. D. Fisher, sec. Vol. XV, O. S. Vol VII
     N Ser. 8vo. *Springfield*, 1878.

———Fifth biennial Report of the Trustees, Superintendant
     and Treasurer of the Illinois State reform school, at
     Pontiac, &c, 1878. Pamph. 8vo. *Springfield*, 1879.

———Biennial Report of the State Treasurer, 1878. Pamph.
     8vo. *Springfield*, 1978.

———Ninth Report of the Board of Trustees of the Industrial
     University, Urbana, for the two years ending Sept.,
     1878. 8vo. *Springfield*, 1878.

———Biennial Report of the Auditor of the Public accounts
     Nov. 1st, 1880. 8vo. *Springfield*.

———Biennial Report of the Auditor of Public accounts to the
     Governor of Illinois. Nov. 1st, 1878. 8vo. *Spring-
     field*, 1878.

———Eleventh annual Insurance Report of the Auditor of
     Public accounts of the State of Illinois, 1879. 8vo
     Springfield.

———Fifth biennial Report of the Board of State Commis-
     sioners of Public charities, 1878. 8vo. *Springfield*,
     1879.

———Biennial Report of the Attorney-General, 1878. 8vo.
     Springfield, 1879.

———Report of Commissioners to construct the Southern In-
     sane Asylum. Dec. 1877. Pamph. 8vo. *Spring-
     field*, 1879.

———Report on the international Prison Congress, 1878. Br.
     in-12. *Springfield*, 1879.

ILLINOIS. Constitution of the State of Illinois, adopted and ratified, 1870. Br. in-12. *Springfield*, 1879.

—·———Transactions of the Department of Agriculture, with reports from Country Agricultural boards, from 1878. In-8. *Springfield*, 1880.

—·———Laws enacted at the 31st General Assembly, 1879. 8vo. *Springfield*, 1879.

————Twelfth biennial Report of the Trustees, Surgeons and Treasurer of the Charitable Eye and Ear Infirmary, at Chicago. 8vo. *Springfield*, 1881.

————Proceedings of the Ilinois State board of Equalization, 1880. 8vo. *Springfield*.

————-Biennial Report of the Secretary of State. Oct. 1878 to Sept. 1880. 8vo. *Springfield*.

————Reports of cases at law and in Chancery, argued and determined in the Supreme Court. Vol. 88 to 95. 8 vol. 8vo. *Springfield*, 1880.

Law (S. D.). Digest of American cases relating to patents for inventions and copyrights, from 1789 to 1872. 5th edition, with a supplement Gr. 8vo. *New-York*, 1877.

LAW REPORTS. Reports of cases at law and in chancery argued and determined in the Supreme Court, (Norman C. Freeman, reporter). Vols. 88th to 95th inclusive. 8 vols. 8vo. *Springfield*, 1879–1880.

———— ————Reports of cases argued and determined in the Supreme Court of Minnesota. Vol. 24. 8vo. *St. Paul*, 1879.

Lord (Henry W.). Relations of education and industry to crime and pauperism. Idleness more demoralizing than ignorance. An address read to the Michigan Superintendents of the Poor, in 5th annual convention. Br. Br. in-8. *Lansing*, 1879.

————Dependent and delinquent children, with especial reference to girls. An address to the American Social science association, 1878.

LOUISIANE. Rapport annuel de l'Ingénieur de l'Etat à la Législature de la Louisiane, (1855). In-8. *Nouvelle-Orléans.* (34 pages. Vol. Pamph. on science and industry).

MASSACHUSETTS. Public documents for the year 1879. 4 vols. In-8. *Boston,* 1880.

MICHIGAN MANUAL. The red book for the 30th Legislature of the State of Michigan, compiled by Don. C. Henderson, 1879-1880. In-8. *Lansing,* 1879.

MICHIGAN. Eighteenth annual report of the Secretary of the State board of Agriculture, for the year ending Aug 21st 1879. In-8. *Lansing,* 1880.

——————Report (tenth annual) of the Commissioners of insurance, for 1879.

> Part. I. Fire and Marine insurance.
> Part. II. Life insurance. 2 vols. In-8. *Lansing,* 1880.

——————Report (annual) of the Auditor-General, for the year ending 30th Sept. 1879. In-8. *Lansing,* 1880.

——————Opinion of the Attorney-General of the State, containing the general banking law of the State. Br. in-12. *Lansing,* 1863.

——————Report on the taxation of Railroad land, made by the Committee on Railroads, 1873.

——————A chart and key of the education system of the State. 1876.

——————The State of Michigan. Embracing sketches of its history, position, resources and industries. Compiled under authority, by S. B. McCracken. In-8. *Lansing,* 1876.

——————Report of the State board of centenial managers for the international exhibition of 1876. In-8. *Lansing,* 1877.

——————Catalogue of products of Michigan, in the Centenial exhibition of all nations, at Philadelphia. Br. in-8, 1876.

MICHIGAN. Pioneers Collections. Report of the Pioneers Society of State, together with reports of county, town, and district Pioneers Societies. Vol. 1. In–8. *Lansing*, 1877.

———Geological Survey (first biennial report of the) embracing observations on the Geology. Zoology and Botany of the Lower Peninsula. In–8. *Lansing*, 1861.

———General railroad laws, including all laws affecting railroads, passed by the Legislature of 1875 and 1879. 2 br. in–8. *Lansing*.

———Catalogues of officers and students of the State Agricultural College, 1865, 1869, 1870, 1872, 1874, 1875, and 1878. 6 br. in–8.

———Report of the State librarian for the years 1861–62, 1865–1866, 1867–1868, 1869-1870, 1871–1872. (5 br. In-12). 1873–74, 1875–76, 1877–78. (6 br. in-12 et 3 in-8. *Lansing*.

———Manual for the use of the 29th Legislature of the State (1877–78). Compiled by Alex. Bours. In–12. *Lansing*, 1877.

———Catalogue of the Michigan State library, for the years 1857–62, 65-66, 68, 70, 73, 74, 75, 77–88, 79-80. 7 (7 brs. et 3 vols) In–8. *Lansing*.

———Annual report of the Attorney-General, for the years 1859, 1867, 1868, 1869, 1870, 1871, 1872, (7 brs. in-12). 1873, 1874, 1875, 1877, 1878, (5 brs. in-8. *Lansing*.

———Report of the board of Trustees of the Michigan Asylum for the Insane, for the years 1871–72, 1873-74, 1877-78.

———Report of the Commissioners appointed to select a location and site for the Eastern Hospital for the Insane, 1854. In-8. *Lansing*.

———Proceedings of the State board of equalization, 1871, 1876. 2 brs. In-8.

———Annual report of the board of State building Commissioners, 1872. In-12. 1874. Br. in-8.

MICHIGAN. First annual report of the Cereals products of the State. (1876-77). In-8, 1879.

———Report of the Special Commissioners to examine the penal, reformatory, and charitable institutions of the State, 1871. (In-12). 1873, 1874, 1875, 1876, 1877-78. (5 br. in-8).

———Seventh abstract annual reports of the County Superintendents of the poor of the State. (1877). Br. in-8.

———Map of the central portion of the Upper Peninsula (1873). (Feuille pliée sous couvert in-32).

———Fiftysixth annual reports of the salt inspector of the State, for 1873-74. Br. in-8. *East Saginaw*, 1875.

———Report of the board of fund commissioners of the State, for 1877-78. Br. in-8.

———Governor's message to the Legislature, for the years 1859, 1861, 1863, 1864, 1869, 1870, 1872, 1873, 1877. 9 brs. In-8. *Lansing*.

———Governor's inaugural message, 1869. Br. in-8.

———Message de John J. Bagley, gouverneur du Michigan, 1875. In-8. *Détroit*.

———Twelfth annual report of the board of Central of the State reform schools, for the years 1868, 1869, 1870, 1872, 1873, (5 brs. in-12). 1874, 1877, 1878. (3 brs. in-8).

———Eighth biennial report of the board of Trustees of the Michigan Asylum for the education of the Deaf and Dumb and the Blind, at Flint, for the year 1867-68 (in-12), 1854 to 1876. 2 vols. in-8.

———Geological survey. Voir : Sciences naturelles : Géologie.

———Laws of the United States granting lands to the State of Michigan for roads, railroads, harbours, &c. Br. in-12, 1867.

———Laws relating to assessing property, and for levying and collecting taxes thereon. Br. in-12. *Lansing*, 1867.

MICHIGAN. Tax law of the State, (1869) and amendments of 1871, 1872 and 1873. In-12, *Lansing*.

———Tax law, with amendments of 1875. Br. In-8.

———General banking law, 1863. Br. in-12, *Lansing*.

———Third and sixth annual reports of the Commissioners of railroads of the State, 1874 and 1877. 2 vols. In-8, *Lansing*.

———Election laws of the State, with a digest of the decisions of the Supreme Court, and provisions of the Constitution and statutes of United States relating to elections. In-8, 1875.

———Compilation by the Auditor-General of the annual reports of the railroad corporations, 1867-71. (4 Br.). In-8, *Lansing*.

———Proceedings of the laying of the corner stone of the new capitol, etc. Voir: HISTOIRE: *Amérique*.

———Annual reports of the board of State Auditors, 1865-75. 11 brs. in-8, *Lansing*.

———Annual report of the Auditor-General, for 1852, 1857, 1864, 1867-78. 6 brs. In-12 et 10 in-8, dont 5 reliées. *Lansing*.

———The debates and proceedings of the Constitutional Convention of the State, convened at the city of Lansing, wednesday, May, 15th, 1867. 2 vols. In-4to., *Lansing*, 1867.

———Transactions of the Michigan Agricultural Society, 1849 to 1851-2-3-4-5-6-7-8-1863-6 to 1878. 21 vols. In-8, *Lansing*.

———Pomological Society, first to ninth reports (1871-79). 9 vols. In-8, *Lansing*.

———Edmond's impeachment trial. 2 vols. In-8, *Lansing*.

———Report (7th annual) of the Commissioner of railroads, for 1878. Br. In-8, *Lansing*, 1879.

———Report of the Pioneer. Voir: *Agriculture*.

MICHIGAN. Report (first annual) of the Secretary of State, relating to farms and farm products, 1878-9. In-8, *Lansing*. 1880

————Report (43rd annual) of the Superintendent of public instruction, for 1879. In-8, *Lansing*, 1880.

————Report (18th annual) of the Secretary of the State board of Agriculture, for the year ending Aug. 31st 1879. In-8, *Lansing*, 1880.

————Report (8th annual) relating to the registry and return of births, mariages, and deaths, for 1874. In-8, *Lansing*, 1880.

————Report (7th annual) of the Secretary of the State board of health, for the year ending Sept. 30th, 1879   In-8 *Lansing*, 1880.

————Journal of the House of Representatives of the State 1849, 50, 51, (2 vols.). Senate and H. 1853, 54, 57, 58, 59, 61, (2 vols.), 1863 (2 vols.), 64, 65, (2 vols.), 1867 (3 vols.), 1869 (3 vols.), 1870, 71 (3 vols.), 1872, 73 (3 vols.), 1874, 75 (2 vols.), 77 (2 vols.). 35 vols. In-8. *Lansing*.

————Documents accompanying the journal of the House of Representatives, 1850, 59, 61, 63, 65. 5 vols. In-8.

————Executive journal of the Senate, for 1835-6, and first and special session in 1837. In-8. *Détroit*, 1837.

————Journal of the Senate, 1837, 39, 1850, 53, 55, 57, 58, 59, 61, 62 (Senate and House), 63, 64, 65, 67, (2 vols) 1872. 2 vols the second as "impeachment" journal, 1873. (2 vols.) 1874, 1875, 1877, (2 vols.). 28 vols. In-8. *Détroit et Lansing*.

————Joint documents. Documents communicated to the Senate and House of Representatives, 1843 to 1877. (1848-49 excepted). 46 vols. In-8. *Détroit et Lansing*.

———Laws of Michigan, 1842, 44, 45, 46, 1857, 58, 59, 1861, 1879 (1866, 68, 78 excepted). 32 vols. In-8. *Lansing*.

————Index, 1872-77   1 vol. In-8.

MICHIGAN. Compiled laws, 1857. (2 vols.) In-8. Compiled laws of 1871 (2 vols.) Gd. in-8. *Lansing.*

—— ——Territorial laws, 1831, 74. 3 vols. In-8. *Lansing.*

—— ——State board of Health. (1st, 2nd, 4th and 5th reports), 1873, 74, 75, 77 and 1878. 5 vols. In-8. *Lansing.*

—— ——Insurance reports (first to ninth, 1870–1878). 13 vols. In-8. *Lansing.*

—— ——Report of the Adjutant-General for 1873–74 'and 1877–78. 2 br.

—— ——Census and statistics. 1854, 1860, 1864, 1870 et 1874. 5 vols. In-8. *Lansing.*

—— ——Journal of the Constitutional Convention. In-12. *Lansing,* 1873

—— ——Fifth, sixth and seventh reports relating to the registry and return of births, marriages, and deaths. 1871, 72. 73. 3 vols. In-8. *Lansing.*

—— ——Pauperism and crime in Michigan in 1874, 75. In-8, *Lansing,* 1875.

—— ——Charities and corrections in Michigan, 1876, 77. In-8.

—— ——Report of the joint committees of the Michigan Legislature of 1879, on alleged management, and matters therewith, in the Asylum for the Insane of Kalamazoo. In-8. *Lansing,* 1879.

—— ——Laws relative to highways and bridges, and the duties of highway commissioners and overseers of highway, 1871. In-8. *Lansing.*

—— ——Laws relating to highway, bridges, and drainage, &c., 1875. In-8. *Lansing.*

—— ——Annual report of the Commissioners of the State land office, for the years 1860, 66, 68, 74, 77, 78. 6 brs. In-8. *Lansing.*

·—— ——Report of the swamp land, slate road commissioners for 1867–68, 1871–72, 1874, 1877 et 1878. 5 brs. In-8. *Lansing.*

MICHIGAN. Record of proceedings of the board of Control of the State swamp, land and roads, 1867-70.

——— Documents accompanying the journal of the Senate, 1843-1850, 55, 57, 58, 1861, 63, 64, 65, 57. 10 vols. In-8.

——— Report of the Commissioners appointed to revise the laws for assessment and collection of taxes. Br. In-8. *Albany, N. Y.*

——— The school laws of Michigan, with notes and forms, 1868. In-8. And 1873. In-8. *Lansing.*

——— System of public instruction and primary school law. In-8. *Lansing,* 1852

——— The Constitution of Michigan, with amendments thereto, as recommended by the Constitutional Commission of 1873. Br. In-4to.

——— Report of the board of Commissioners of the Eastern Michigan Asylum for the Insane, for 1877, 78 et 1879. 2 vols. In-8. *Lansing.*

——— Report of the Quarter-Master-General, for the years 1873-74. In-8.

——— Report of the State Military board for 1874. In-8.

——— Lansing the capital of Michigan : its advantages, natural and acquired, as a center of trade and manufactures, &c. Br. In-8, 1873. *Lansing.*

——— First, second, third and fourth annual reports of the Secretary of the State, relating to the registry and return of births, marriages and deaths, for the years ending April, 5th, 1868, 69, 70, 71 and 1872. 5 brs. In-8. *Lansing.*

——— (Insane, deaf, &c.). Second, third, fifth and sixth annual abstracts of statistical informations relative to the Insane, Deaf, Dumb and Blind. (1874, 1875, 1878, 1879). 4 Br. In-8. *Lansing.*

——— Laws relating to the public health, 1879. In-8. *Lansing.*

MICHIGAN. Ninth, twelfth and fifteenth annual reports of the officers of the Detroit House of correction to the Common Council of the city of Detroit (1870, 1873, 1876). 3 brs. In 8. *Détroit.*

————First, second and third (1873–74, 1875–76 and 1877–78) reports of the State Commissioners and Superintendent on state fisheries. 3 brs. In-8. *Lansing.*

————First and fifth annual reports (1871–1874 and 1878) of the State public school for dependent children. 2 brs. In-8. *Lansing.*

————Annual report of the Superintendent of the St. Mary's Falls Ship Canal, for 1871, 74, 77 & 78. 4 brs. In-8. *Lansing.*

————Annual report of the Superintendent of Public instruction, and accompaying documents, 1853 to 1878 (1854 excepté). 22 vols. In 8. *Lansing.*

————School funds and school laws of Michigan : with notes and forms. To which are added elements of school architecture, &c. 1 vol. In-8. *Lansing*, 1859.

————First and second annual reports of the board of managers of the State House of correction and reformatory at Iowa, for 1877. Br. In-8. *Lansing.*

————Fifth and sixth annual abstracts of the reports of Sheriffs relating to jails, for 1877. In-8.

————Annual report of the Inspectors of the State Prisons, for 1866, 68, 69, 75, 78. 5 brs. In-8. *Lansing.*

————Abstract of the annual reports of the County Superintendents of the poor of the State, for the year 1853. Br. In-8. *Lansing.*

————Annual reports of the State Treasurer, for 1864, 68, 69, 70, 72, 77, 78. 7 brs. In-8. *Lansing.*

————Second annual report of the State Inspector of illuminating oil, for 1878. Br. In-8. *Lansing.*

————University of Michigan. A general catalogue of the officers and graduates, from its organization in 1837 to 1864. Br. In-8. *Ann Arbour.*

Michigan. Catalogue of the officers and students of the University,
with a statement of the course of instruction, for
1864, 1866, 1866-67, 1868-69, 1873-74, 1874-75,
1877-78. 7 brs. In-8. *Ann Arbour.*

———Testimony taken in an investigation before a joint committee of the Legislature of 1875, touching the administration of the affairsof the State prison at Jackson.
In-8. *Lansing*

———Speech of Hon. M. D. Wilkes in the Senate of Michigan,
1873, advocating the construction of the Michigan
Ship Canal. In-8. 1873.

———Annual report of the Adjutant-General (1862-66). 6 vols.
In-8. *Lansing.*

———Laws of the State relating to the support of poor per-
sons. In-8. *Lansing*, 1878.

———Joint documents of the State for 1878. 3 vols. G. in-8.
Lansing, 1879.

Minnesota. The general statutes of the State as amended by sub-
sequent legislation, prepared by George B. Young.
Gd. in-8. *Saint-Paul*, 1879.

———Journal of the Senate (21st session of the Legislature).
In-8. *Saint-Paul*, 1879.

———Journal of the House of Representatives (21st session).
In-8. *Saint-Paul*, 1879.

———Annual report of the railroad commissioners, for the
year ending June 30, 1879. Br. In-8. *Saint-Paul*, 1880.

———Special laws passed during the 21st session of the
State Legislature, (Jan. 7th to March, 7th 1879). In-8.
Minneapolis, 1879.

———Nineteenth annual report of the Superintendent of
public instruction, for the year ending August 31st,
1874. In-8. *Minneapolis*, 1879.

———Second annual report of the public examine of the
State, for 1879. In-8. *Saint-Paul.*

Minnesota. Annual report of the Secretary of State, 1879. Br. In-8. *Saint-Paul*, 1880.

—— ——Minnesota reports, vol. 24. Cases argued and determined in the Supreme Court. July 1877. April, 1878. George Young, reporter. In-8. *Saint-Paul*, 1879.

—— ——Journal of the Senate, sitting as a High Court impeachment, for the trial of Hon. Sherman Page, judge of the tenth judicial district. 3 vol. In-8. *Saint-Paul*, 1880.

—— ——Statistics for 1878. In-8. *Minneapolis*, 1879.

—— ——General laws of the State, (21st session, 1879) In-8. *Minneapolis.*

Missouri. Thirteenth annual report of the State board of Agriculture of the State of Missouri, for 1878. In-8. *Jefferson City*, 1879.

Nebraska. Report of cases in the Supreme Court of Nebraska, 1880. Vol. X. (By Geog. A. Brown. In-8. *Lincoln.* 1880.

New York. Journal of the Assembly of the State (1879). In-8.

—— ——Documents of the Assembly (1878). Vol. 5 and 7, and 1879 vol. 1 to 7. 9 vols. In-8.

—— ——Journal of the Senate (1879). In-8. *Albany.*

—— ——Documents of the Senate (1878), vol. 1 and 2; and 1879, vol. 1 and 2. 4 vols. In-8.

—— ——28th, 30th and 31st annual reports of the New-York State Museum on Natural history, by the requests of the University (1875, 1877, 1878). 3 vols. In-8. *Albany*, 1879.

—— ——61st annual report of the Trustees of the State library, for 1878. In-8. *Albany*, 1879.

—— ——The centennial celebration. Voir : Beach.

—— ——Ninety-first and ninety-second annual reports of the regents of the University. 2 vols. In-8. *Albany* 1878, 1879.

New-Yonk. University of the State. First commencement. Br. In-8. *Albany*, 1879.

————Laws of the State, passed in the 102nd session (1879). In-8. *Albany*.

——-———Report (first annual) of the commissioners of the State Parks of the State of New-York. In-8. *Albany*, 1874. (22 pages).

Paschal (George W.). The constitution of the United States defined and carefully annotated. In-8. *Washington*, 1878.

Pennsylvania. 50th or semi-centennial report of the Inspectors of the State Penitentiary, for the year 1879. In-8. *Philadelphia*, 1880.

Robertson (Jno.). The flags of Michigan. In-8. *Lansing*, 1877.

South Carolina. Acts and joint resolutions of the General-Assembly, passed at the session of 1879 and extra session of 1880. In-8. *Colombia*, 1880.

Stephen (Sir Jas. F.) A digest of the criminal law (crimes and punishments). In-32. *Saint-Louis*, 1878.

DROIT ANGLAIS.—ENGLISH LAW.

(CIVIL ET CRIMINEL. — CIVIL AND CRIMINAL).

Cabinet Lawer (the). A popular digest of the laws of England, civil, criminal and constitutional. 25th edition. In-8. *London*, 1879.

Chalmers (M. D.). A digest of law of Bills of Exchange. Promissory Notes and Cheques. In-8. *London*, 1878.

Index. A general index to the English common laws reports. Volumes 84 to 118. Vol. III, supplement. In-8. *Philadelphia*, 1879.

Evans (Wm.). A treatise upon the law of principal and agent in contract and tort. In-8. *London,* 1878.

Finlason (W. F.). The history, constitution, and character of the judicial committee of the Privy Council, considered as a judicial tribunal: especially in ecclesiastical cases. In-8. *London,* 1879.

Godefroi (Henry). A digest of the principles of the law of trust and trustees. In-8. *London,* 1879.

Hall's essay on the rights of the Crown and the privileges of the subject in the Sea Shores of the realm. 2nd edition, by Richard Loveland. In-8. *London,* 1875.

Kerr (R. M.). The student's Blackstone; being the commentaries on the laws of England of Sir W. Blackstone, abridged and adapted to the present state of the law. In-12. *London,* 1879.

Kerr (W. W.). A treatise on the law and practice of Injunction. 2nd edition. In-8. *London,* 1878.

LAW REPORTS (the). Queen's Bench division. Reported by A. P. Stone & Edm. Lumley; In the court of Crown cases reserved, by Cyril Dodd, and in the Court of appeal, by H. Holroyd and John Edm. Hall. Vol. IV. (1878-79). In-8. *London,* 1879.

————————Chancery. Cases determined by the Chancery division of the High Court of Justice and by the Chief Judge in bankruptcy, and by the Court of Appeal on appeal from the Chancery division and the chief Judge and in lunacy. Vols. X, XI, XII, (1878-79). 3 vols. In-8. *London,* 1879.

LAW REPORTS. Appeal cases before the House of Lords (English Irish and Scotch) and judicial committee of Her Ma, jesty's the Hon. Privy Council. Reported by Chs. Clark, John MacQueen, Herbert Cowell. Vol. IV, (1878–79). In-8. *London,* 1879.

LAW REPORTS Digest of cases decided by the House of Lords, the Privy Council, the Court of Appeal, &c. (1875–1878). Compiled by Martin Ware and John Edw. Hall. In-8. *London*, 1879.

———— -Exchequer division reported by Jas. Moorsom and Alex. Mortimer, and in the Court of Appeal, by H Holroyd and John Hall. Edited by Jas. R. Boulmer. Vol. IV, (1878–1879). In-8. *London*, 1879.

———— ———— Probate division. Vol. IV, (1878–79). In-8. *London*, 1879.

———— ————Common pleas division reported by John Scott and John Rose, and, in the Court of Appeal, by Henry Holroyd and John Ed. Hall. Edited by Jas. Redfoord Bulwer. Vol. V, (1878-79, XLII Vic.) In-8. *London*, 1879.

Lees' Laws of British Shipping and of marine insurance, edited and revised to the present time, by John C. Bigham, 10th edition. In-8. London, 1877.

Paterson (Jas.). Reports of Scotch appeals in the House of Lords. A. D. 1851 to 1873, with tables of all the cases cited, notes, and copious index. 2 vols. Gd. In-8. *Edinburgh*, 1879.

STATUTES. The public general statutes, 42nd and 43rd Vic. 1879. With a list of the local and private acts, tables showing the effect of the year's legislation, and a copious index. Vol. XIV. In-8. *London*, 1879.

Thomson (J. Turnbull). Social problems. An inquiry into the law of influences. In-8. *London*, 1878.

Wilson (Arthur). The Supreme Court of Judicature acts appellate jurisdiction act, 1876, rules of Court and forms, with other acts, orders, rules, and regulations relating to the Supreme Court of Justice. With practical notes. 2nd edition. In-8. *London*, 1878.

DROIT CONSTITUTIONNEL

CONSTITUTIONAL LAW

Amos (Sheldon). Fifty years of the English Constitution. 1830-1880. In-12. *Boston*, 1880.

Bagehot (W.). La constitution anglaise. Traduit de l'anglais par M. Gaulhiac. In-12. *Paris*, 1869.

Bisset (Andrew). The history of the struggle for parliamentary government in England. 2 vol. In-8. *London*, 1877.

Bracton (Henricus de). De legibus et consuetudinibus Angliæ. Libri quinque in varios tractatus distincti. Edited by Sir Travers Twiss. 2 vols. Gd. in-8. *London*, 1878, 1879.

Brougham (H. Lord). The British Constitution its history, structure and working, 2nd edition. In-12. London 1861.

——— —— Historical sketches of statesmen who flourished in the time of George III. 3 vols. In-18. *London*, 1855.

Burrows. (Constitutional progress). Voir: *Histoire d'Angleterre.*

Chandler (R.) The history of proceedings of the House of Commons, from the restoration to the present time. Containing the most remarkable motions, speeches, resolutions, reports and conferences, &c., &c. 14 vols. In-8. *London*, 1742.

COMMONS JOURNALS. Voir: *Journals.*

HANSARD PARLIAMENTARY DEBATES, 1879, 1880. 13 vol. In-8, London.

JOURNALS of the House of Lords (41st Vic., 1878). In-folio. *London.*

JOURNALS of the House of Lords. (42 Vic., 1878-79). Vol. CXI. Folio. *London*, 1879.

JOURNALS of the House of Commons. Vol. 134, 1878-79. (42 & 43 Vic.) Folio. *London.*

Lolme (de). Constitution de l'Angleterre, ou état du gouverne-
nement anglais, comparé avec la forme républicaine
et les autres monarchies de l'Europe. 5e édition
augmentée de notes. In-8. *Paris*, 1879.

LORDS JOURNALS. Voir : *Journals*.

May (Sir Th. Erskine). A treatise on the law, privileges, proceedings and usage of Parliament. 8:h edition. 8vo·
London.

PARLIAMENTARY DOCUMENTS OF ENGLAND FOR THE YEAR 1878. 84 vols.
petit-infolio. *London*. Viz :

Vols. 1 to 9. Bills, public.

Vols. 10 to 18. Reports from committees. Viz :

Vol. 10. Accounts, public, Army and mutiny acts,
Indian native troops.

Vol. 11. Commons, contagious diseases, country
courts, Ecclesiastical buildings.

Vol. 12. East India (public works.)

Vol. 13. Fresh water fish. Gold and silver. Clare
county writ. Parliamentary, &c., elections.
Registration.

Vol. 14. Intemperance.

Vol. 15. Irish land act, 1870. Land titles and
transfer.

Vol. 16. Local government (Ireland). Lunacy law.
Manchester water. Merchant seamen. Metro-
polis, &c., buildings acts.

Vol. 17. Parliamentary reporting. Poor law guar-
dians.

Vol. 18. Public business. Public health act,
Tramways, Turnpike, Weights, &c.

Vol. 19 to 45. Reports from Commissioners. Viz :

Vol. 19. Army, Examinations, pay accountants, recruting. &c. Navy (H. M. S. Inflexible). London Stock Exchange.

PARLIAMENTARY DOCUMENTS OF ENGLAND.—(*Continued*).

Vol. 20. Factories, mines.

Vol. 21. Fisheries. Explosives.

Vol. 22. Births, deaths and marriages.

Vol. 23. Public works (Ireland), City of Dublin. Local government.

Vol. 24. Caledonian Canal. Charitable donations, &c.

Vol. 25. Judicature acts. Enclosure. Loan fund; Mint; Public works. Railway; Tithes. Veterinary, woods, forests.

Vol. 26. Grocer's licences (Scotland). Inland revenue.

Vol. 27. Civil service.

Vol. 28. Education (England and Wales).

Vol. 29. Education (Ireland).

Vol. 30–31. Education (Scotland).

Vol. 32-35. University of Scotland.

Vol. 36. Science and arts. National Gallery. Patents, weights, &c.

Vol. 37. Local government board.

Vol. 38. Local government board (Ireland). Poor relief and scattered.

Vol. 39. Lunacy (England, Ireland and Scotland).

Vol. 40 Police (England and Scotland). Dublin hospital.

Vol. 41. Prisons (Great Britain).

Vol. 42. Prisons (England, Ireland and Scotland).

Vol. 43. Convict prisons.

Vol. 44. Noxious vapours.

Vol. 45. Public records (England and Ireland)

PARLIAMENTARY DOCUMENTS OF ENGLAND. — (*Continued*).

Vol. 46 to 84. Accounts and papers.

Vol. 46. Finance, &c.

Vol. 47-48. Army. Estimates. Militia and volonteer army. Manufacturing establishments. Medical department.

Vol. 49-52. Navy. Estimates, manufactures, shipbuilding, health, artic expedition.

Vol. 53-54. Estimates. Civil services.

Vol. 55-56. Colonies and British possessions.

Voi. 57-8-9. East India.

Vol. 60. Charities. Ecclesiastical, Education, Science and art.

Vol. 61. House, Elections, Miscellaneous.

Vol. 62. Members of Parliament.

Vol. 63. Law and crime. Lunacy, police, prisons.

Vol. 64-65. Local government, and taxation, &c.

Vol. 66. Railways, tramways, highways, turnpike, &c.

Vol. 67. Shipping, harbours, pilotage, silver trade.

Vol. 68. Trade, &c.

Vol. 69. Trade, and friendly societies, &c.

Vol. 70. Trade and navigation accounts.

Vol. 71. Trade, navigation and shipping.

Vol. 72-76. Commercial reports.

Vol 77. Statistical tables. United Kingdom.

Vol. 78. Statistical tables. Colonies.

Vol. 79. Judicial statistics. Land owners (Ireland).

Vol. 80. State papers. (America), &c.

Vol. 81-83. State papers, (Turkey).

Vol. 84. Numerical list and index.

PARLIAMENTARY DOCUMENTS OF ENGLAND.—(*Continued*).

Votes and proceedings. 2 vols. Folio.

Reports on public petitions, and appendix. 2 vols. fol.

Private business. 1 vol. Folio.

Divisions. 1 vol. Fol.

Notices of Motions. 3 vol. Folio.

—————Agricultural statistics, Ireland, 1879. General abstracts showing the acreage under crops, also number and description of live stock in each county and province, 1878–79. *Dublin*, 1879. (19 pages).

—————Agricultural returns of Great Britain, with abstracts returns for the U. K., 1879. *London*, 1879.

—————The report of the president of the Queen's College, Galway, for 1878–79. 8vo. *Dublin*, 1879. (16 pages).

—————Twenty-fourth annual report of the register-general on births, deaths, and mariages registered in Scotland during 1878, and 4th annual report on vaccination. 8vo. *Edinburgh*, 1879.

—————Twenty-second report of the Commissioners of H. M. Inland revenue on the Inland revenue for the year ended 31st March 1879. 8vo. *London*, 1880.

—————Twenty-first report of the Postmaster-general on the Post office. 8vo. *London*, 1879.

—————Report by F. Buckland and S. Walpole, inspectors of fisheries for England and Wales and commissioners sea fisheries on the sea fisheries of England and Wales. 8vo. *London*, 1879.

PARLIAMENTARY DOCUMENTS OF ENGLAND, for the year 1879. 82 vols. Petit in-folio. *London*. Viz:

Vol. I to VII. Bills Public.

PARLIAMENTARY DOCUMENTS OF ENGLAND.—(*Continued*).

Vol. VIII to XVI. Reports of Committees. Viz:

Vol. VIII. Accounts, public; Clare writ; Commons; contagious diseases acts.

Vol. IX. Co-operative stores; Coroners Bill; East India (public works) ; East India Railway Bill.

Vol. X. Food and Drugs' Bill; Mr. Coffin; Hallmarking ; Intemperance; Kitchen and Refreshment Rooms; Privilege.

Vol. XI. Land titles and transfer; Law of libel ; Lighting by electricity.

Vol. XII. Medical act, 1858 amendment; Parliamentary reporting ; Poor removal.

Vol. XIII. Sugar industries; Summary jurisdiction; Thames River (prevention of floods).

Vol. XIV. Tramways; Turnpike acts continuance ; Wine duties.

Vol. XV to XLI. Reports of Commissioners. Viz:

Vol. XV. Army (clothing establishment); Recruting; Patriotic fund; Volunteer force ; H. M. S. " Thunderer. "

Vol. XVI. Alkali acts; Explosives; factories.

Vol. XVII. Fisheries.

Vol. XVIII. Mines.

Vol. XIX. Births, Deaths, and Mariages (England, Scotland and Ireland).

Vol. XX. Caledonian canal; Charities; Church states, &c.; Copyhold; Criminal Code ; Customs; Ecclesiastical; Inclosure; Inland revenue.

Vol. XXI. Loan fund board (Ireland); Mint; Monetary conference (Paris); Official statistics; Post office ; Public works; Railways; Tithes; Veterinary Department; Woods, Forest, &c.

PARLIAMENTARY DOCUMENTS OF ENGLAND.—*(Continued)*.

Vol. XXII. Civil service.

Vol. XXIII. Education (England and Wales).

Vol. XXIV. National education (Ireland); Queen's College; Queen's University.

Vol. XXV. Education (Scotland).

Vol. XXVI. Science and art; Meteorology; National Gallery; Portrait Gallery; Patents, Weights and Measures.

Vol. XXVII. Exhibition of 1851.

Vol. XXVIII. Local government Board.

Vol. XXIX. Local government Board (continued).

Vol. XXX. Local government Board (Ireland); Poor relief (Scotland).

Vol. XXXI. Poor law Union and Lunacy inquiry (Ireland); Registration of Deeds, &c. (Ireland).

Vol. XXXII. Lunacy (England, Ireland & Scotland).

Vol. XXXIII. Police. Counties and Boroughs; Scotland; Dublin Hospitals.

Vol. XXXIV. Prisons. England; Scotland; Military; Ireland.

Vol. XXXV. Convict Prisons.

Vol. XXXVI. Reformatory and Industrial schools.

Vol. XXXVII. Penal servitude acts.

Vol. XXXVIII. Penal servitude acts (continued).

Vol. XXXIX. Public Records (England & Ireland).

Vol. XL. Historical Manuscripts.

Vol. XLI. Thames Traffic.

Vol. XLII to LXXXI. Accounts and Papers. Viz:

Vol. XLII. Finance, &c.

PARLIAMENTARY DOCUMENTS OF ENGLAND.—(*Continued*).

Vol. XLIII. Army, Estimates; Army, Militia, and Volunteers.

Vol. XLIV. Army. Manufacturing establishment; Medical Department.

Vol. XLV. Navy. Estimates, &c.

Vol. XLVI. Navy. Health; Manufactures, &c.

Vol. XLVII. Navy. Shipbuilding, &c.; Victualling accounts.

Vol. XLVIII. Estimates (civil services, revenue Departments, &c).

Vol. XLIX. Estimates (civil services, revenue Departments, &c. (continued).

Vol. L. Colonies and British Possessions.

Vol. LI. Colonies & British possessions (continued).

Vol. LII. Colonies & British possessions (continued).

Vol. LIII. Colonies & British possessions (continued).

Vol. LIV. Colonies & British possessions (continued).

Vol. LV. East India.

Vol. LVI. East India (continued).

Vol. LVII. Charities; Ecclesiastical; Education; Science and art.

Vol LVIII. House Election; Miscellaneous.

Vol. LIX. Law and Crime; Police; Prisons.

Vol. LX. Local government; Local taxation, &c.

Vol. LXI. Local government; Local taxation, &c., (continued).

Vol. LXII. Railway's accidents.

Vol. LXIII. Railways (continued); Tramways Highways; Turnpikes, &c.

PARLIAMENTARY DOCUMENTS OF ENGLAND.—*(Continued)*.

Vol. LXIV. Shipping; Harbours; Pilotage Wrecks, &c.

Vol. LXV. Trade, &c.

Vol. LXVI. Trade, &c. (continued).

Vol. LXVII. Trade and Navigation accounts.

Vol. LXVIII. Trade and Navigation and Shipping (United Kingdom and East India).

Vol. LXIX. Commercial Reports.

Vol. LXX. Commercial Reports (continued).

Vol. LXXI. Commercial Reports (continued).

Vol. LXXII. Commercial Reports (continued).

Vol. LXXIII. Commercial Reports (continued).

Vol. LXXIV. Statistical Tables; Abstract (United Kingdom); Miscellaneous.

Vol. LXXV. Statistical Tables (continued); Colonies; East India; Foreign countries; Agriculture; Emigration, &c.

Vol. LXXVI. Judicial statistics (England, Ireland, Scotland).

Vol. LXXVII. State papers. America; Asia; Belgium; Borneo; France; Germany; Greece; Italy; Netherlands; Servia; Spain; Switzerland.

Vol. LXXVIII. State papers (continued); Egypt.

Vol. LXXIX. State papers (continued); Turkey.

Vol. LXXX. State papers (continued); Turkey, (continued).

Vol. LXXXI. State papers (continued); Turkey, (continued).

Vol. LXXXII. Parliamentary papers 1878-79. Numerical list and alphabetical Index. Table and Index to Public General Acts. 1878-79.

PARLIAMENTARY DOCUMENTS OF ENGLAND.—(*Continued*).

Votes and Proceedings. Petit in-folio.

Supplement to Notes and Proceedings. Petit in-folio.

Public Petitions. Petit in-foiio.

Private Business. Petit in-folio.

Divisions. Petit in-folio.

Notice of Motions. 4 vols. Petit in-folio.

Ellis (C. T.) Practical remarks and precedents of proceeding in parliament on private bills. 2nd edition. In-8. *London*, 1810.

HANSARD'S PARLIAMENTARY DEBATES. Third series: commencing with the accession of William IV. Vols. 243 to 256, (1878–79). 13 vols. Gd. in-8. *London*.

————General Index to session 1879. (Vol. CCXLIX, part V.) In-8. *London*, 1879.

————General index to session 1880. (Vol. 251). In-8. *London*, 1880.

Leigh (Hon. C.) and **LeMarchant** (H. D.) A guide to election law and the law and practice of election petitions. 2nd edition. In-18. *London*, 1874.

Pickering (Percival Andree). Remarks on treating and other matters relating to the election of members of Parliament, and some recent decisions of Committees of the House of Commons. 2nd edition. In-8. *London*, 1852.

REPORTS of the decisions of the Judges for the trial of election petitions, pursuant to the parliamentary election act, 1868. Vol. 111. Part. II. In-8. *London*, 1880

Ross (Chs.). Record of the Votes and Proceedings of the House of Lords in public matters, for the year 1862 & 1863 2 vols. In-8. *London*.

CAP DE BONNE ESPERANCE.—CAPE OF GOOD HOPE.

ACTS OF PARLIAMENT, Session of 1879. Br. Petit in-folio. *Cape Town*, 1880.

VOTES AND PROCEEDINGS of the Parliament for 1879. Petit in-folio. *Cape Town.*

———————————Appendix No. 1. 3 vols. Petit in-folio. Appendix No. 2. 2 vols. In-8. *Cape Town*, 1880.

NOUVELLE GALLES DU SUD.—NEW SOUTH WALES.

BLUE BOOK for the year 1878. In-folio.

DOCUMENTS of the Legislative Assembly, 1879. Folio.

ESTIMATES and probable expenditure of the government of New South Wales, for the year 1880. Petit in folio. *Sydney*, 1879.

GLEBE ISLAND ABATOIR. Abatoir inquiry final report with minutes of evidence of the board. Folio. *Sydney*, 1879.

INDEX to Votes and Proceedings, 1879–80. Folio.

LETTERS of registration of Inventions under 16 Victoria, for 1876. Folio, 1879.

PARLIAMENTARY DEBATES, session 1879–80. In-8. *Sydney.*

RAILWAY REPORT by the Commissioners for Railways, for the year 1878. Infolio. *Sydney*, 1879.

RAILWAYS AND TRAMWAYS. Report of the Commissioner for 1879. Petit in-folio, *Sydney.*

REPORT upon certain Museums for technology, science, and art, &c. Scientific, professional, and technical instruction and systems of evening classes in Great Britain and on the continent of Europe, by A. Liversidge. Folio. *Sydney*, 1880.

STATISTICAL REGISTER for 1878. Folio. *Sydney*, 1879.

STATUTES (public and private), with reserved bills. 42 and 43 Vic. Ses-ion 1878–79. and 43–44 Vic. Session 1879–80. 2 vols. petit in-folio. *Sydney*, 1880.

STATISTICAL REGISTER for the year 1879. Petit in-folio. *Sydney*, 1880.

TOURISTS Railway Map (information). F. 1879.

UNIVERSITY of Sydney (report for 1878.) Folio

VOTES AND PROCEEDINGS of the Legislative Assembly In-4to. *Sydney*, 1878–79.

TASMANIE.

STATISTICS of the Colony of Tasmania for the year 1878. Folio. *Hobart-town*, 1879.

STATISTICS of the Colony for the year 1879. Folio. *Hobart-town*, 1880.

VICTORIA.

ACTS OF PARLIAMENT. 42 Vic. (1878). In-4to. *Melbourne*.

———————————43 Vic. (1879–80. In-4to. *Melbourne*, 1880.

—————————44 Vic., 1880. In-4to. *Melbourne*, 1880.

PAPERS presented to both Houses of Parliament by His Excellency the governor, (session 1878). 2 vol. In-fol. *Melbourne*.

PAPERS presented to both Houses of Parliament, session of 1879–80. 3 vol. Folio. *Melbourne*.

VOTES AND PROCEEDINGS of the Legislative Assembly (session 1878, 1879 and 1880), with copies of various documents ordered by the Assembly to be printed. 5 vols. Folio· *Melbourne*.

VOTES AND PROCEEDINGS of the Legislative Council, session of 1878, 1879 and 1880. With various documents ordered. 3 vols. Infolio. *Melbourne*, 1878–1880.

DROIT CANADIEN, DOCUMENTS DE LA LEGIS-LATURE, &c.

CANADIAN LAW, SESSIONAL PAPERS, &c.

ACTE pour amender et refondre les différents actes concernant le Notariat. B. C. 183.

ACTE Seigneurial de 1854. Avec table analytique et alphabétique, par un avocat. In-12. *Montréal*, 1855. B. C. vol. 205.

ACTS of the Parliament of the Dominion of Canada, 41st Vict., (reserved). Viz: Statutes 42nd, Vic., 1879.

ADRESSE demandant de faire mettre devant la Chambre copie de l'ordre en conseil ordonnant la mise à la retraite du greffier de la Chambre d'Assemblée de la province de Québec, George M. Muir, écuier, et aussi copie de toute correspondance entre le gouvernement ou aucun de ses membres et M. Muir, relativement à sa retraite, 14 juillet 1879. B. C. Vol. 194.

ADRESSE demandant copie du rapport d'un comité de l'Honorable Conseil Exécutif, en date du 13 mai 1879, approuvé par le lieut.-gouverneur, le 14 mai 1879.

ADMINISTRATION OF JUSTICE. Voir : Report of the Minister of Agriculture, 1867. (Printed 1869).

Akins (Thomas B.) Selections from public documents. The translation from french, by Benj. Curran. In-8. *Halifax*, 1869.

Analytical digest, &c. Voir: Stevens.

ANSWER to an address of the Legislative Assembly of the province of Quebec, dated the 27th June last, to His Honor Left. Govr. asking for a statement of the outlay on account of the colonization grant since last session, showing the amount expended in each county. 19 July, 1879. Anglais et français. B. C. 191.

ANSWER to an address of the Leg. Ass. of the Province of Quebec (27 June) to His Honor Lt. Governor, asking for all the tenders sent to the Department of Public Works, respecting the heating apparatus for the Public Department now in construction, as well as all correspondence relating to such tenders. Br. In-8. *Quebec.* 1879.

ANSWER to an address of the Leg.. Ass, dated the 11th Aug. 1879, to His Honor the Lt. Govr. praying for copies of the contract for the building of the Bridge over the Ottawa, opposite Hull, and of all tenders, correspondence or documents relating to the building of the said bridge. In-8. *Quebec,* 1879.

ANSWER to an adress of the Legislative Assembly of the Province of Quebec, dated 10th of July, 1879, to His Honor the Lt. Governor, asking for :

> 1st. Copies of all Orders in Council, since the month of May, 1878, re-establishing the Provincial police, the number of men and officers, the salaries of each.
>
> 2nd. Statement showing the expenses incurred for the transport of prisoners from Quebec to the Penitentiary, to the Reformatory School (at Montreal) and for the transport of lunatics of Beauport to Longue-Pointe, between 1st. May, 1878, to the 30th June, 1879.
>
> 3rd. Statement showing the expenses incurred for the execution of warrants at Quebec during the same period.
>
> 4th. Statement showing the amount of the fees paid to the government, and appartaining to the Provincial Police, in the cases of Revenue Collector, at Montreal, from the 1st June, 1877 to 1st. May, 1878. In-8. *Quebec,* 1879.

ANSWER to an address, &c., praying for copies of all papers, documents, letters, &c., relating to the dismissal of Hypolite Corneillier, Revenue officer, for the District of Joliette.

ANSWER to an address of the Legislative Assembly, asking for :

1st. A statement showing the sum paid by the government to the Baie des Chaleurs railway Co., and the total amount of subsidy to which that company was or would have been entitled by law ;

2nd. Copies of all reports made by any engineer officer of the government in reference to the said railway, &c.

ANSWER to an address of the Legislative Assembly of the Province of Quebec, 27 June 1874, asking for a statement of the outlay on account of the colonization grant since last session, showing the amount expended in each county.

ARBITRAGE ENTRE QUEBEC ET ONTARIO. Arbitration between Ontario and Quebec, under the British North America Act, 1867. In-8.

Archambault (J. L.) Etude légale - Réponse à certaines questions concernant les succursales de l'Université Laval à Montréal, avec commentaires. (52 pages). In-12. *Montréal*, 1880. B. C. 205.

Armstrong (James). A treatise on the law relating to the marriages in Lower Canada. In-8. *Montréal*, 1857. (46 pages). B. C. Vol 211.

ARTICLES of agreement entered into in connection with the Pacific Railway. In-8. *Ottawa*, 1880.

Austin (F. W. G.) Remarks on the Fisheries Bill, addressed to the Hon. A. Campbell, commissioner of Crown Lands. In-8. *Quebec*, 1875. (23 pages). B. C. Vol. 214.

AYLWARDS (the) and their orphans. Injust hanging of prisoners at Belleville ; trial for murder and proofs of their innocence. In-8. *Quebec*, 1863. (16 pages). Vol. 214.

————Exécution des Aylwards. Le mari et la femme pendus. In-12. *Québec*. (20 pages). B. C. Vol. 214.

Bachand (Hon. P.) Speech on the Budget, (18th June 1878). In-8. (28 pages). *Quebec*, 1878. B. C. Vol. 192 et 193.

————Sa notice biographique extraite de l'*Union*. Son discours sur le budget, 18 juin, 1878. Discours de l'Hon. M. Church, 19 juin. B. C. Vol. 193.

Barron (John A.) The bills of sale and chattel mortgage acts of Ontario, being a complete and exhaustive annotation of the revised statutes of Ontario, Chap. CXIX, and of the mortgages and sales of personal property amendment acts, 1880. In-8. *Toronto*, 1880.

Bellefeuille (E. Lef. de). Le Code Civil annoté, étant le Code Civil du Bas-Canada (en force depuis le 1er août 1866) tel qu'amendé jusqu'au 1er Octobre 1879; auquel on a ajouté les autorités citées par les codificateurs et un grand nombre d'autres références aux sources du droit, la jurisprudence des arrêts, diverses annotations, et une table alphabétique et analytique des matières. Gd. in-8. *Montréal*, 1879.

Bill. Judicature Bill. An act to consolidate the Superior Courts ; establish a uniform system of pleading and practice, and make a further provision for the due administration of justice. In-8 royal. *Toronto*, 1881.

Brevets. Règlements et formules du bureau des brevets du Canada, 1er Sept. 1872. In-12. (25 pages). B. C. Vol. 199.

————38 Vict. Chap. 14. Acte pour amender de nouveau l'acte des Brevets de 1872, et pour étendre l'application de cet acte ainsi amendé à l'Ile du Prince Edouard. In-12. (16 pages). B. C. Vol. 199.

————Patent case. Barter vs. Smith. In-12. (24 pages). B. C. Vol. 199.

Canada law Journal (the). Vol. 15 et vol. 16. 2 vols. In-8. *Toronto*, 1879 et 1880.

Canadian Parliamentary Companion (The) and annual register, 1880. Edited by C. H. Mackintosh. In 18. *Ottawa*, 1880.

Censuses of Canada, 1608 to 1876. — Recensements du Canada. —Statistics—Statistiques. Vol. 5. In.8. *Ottawa*, 1878.

Church (Hon. L. Ruggles). Discours sur le budget, prononcé à l'Assemblée Législative, le 1er Décembre 1876. (44 pages). 8vo. *Québec*, 1877. B. C. Vol. 198.

——— Speech on the Budget, delivered in the Legislative Assembly of the Province of Quebec, 1st Dec. 1876. (18 pages petit texte). 8vo. *Montreal*. B. C, Vol. 198.

——— Speech on the Budget delivered in the Legislative Assembly, Quebec, 31st January, 1878. (56 pages). 8vo. *Montreal*, 1878. B. C. Vol. 198.

Circulaire du bureau des brevets d'inventions, contenant l'acte de la propriété littéraire et artistique, &c. (34 pages). 8vo. *Québec*, 1869. B. C. Vol. 184.

Clarke (S. R.) The Magistrates's Manual ; being annotations of the various acts relating to the rights, powers, and duties of Justice of the Peace, with a summary of the Criminal law. In-8. *Toronto*, 1878.

Code of Lower Canada, together with a synopsis of changes in the law references to the reports of the Commissioners, a concordance with the Code Napoleon and Code de commerce, &c , by Thomas McCord. 3rd edition, with notes, &c., by H. D. Nicolls. In-18. *Montreal*, 1880.

Code municipal de la province de Québec, tel qu'en force le 1er janvier 1879; auquel on a ajouté la jurisprudence des arrêts s'y rapportant, l'acte des licences de Québec de 1878, la 1ère partie de l'acte électoral de Québec. Compilé et publié par E. Lef. de Bellefeuille. In-18. *Montréal*, 1879.

Code of Civil Procedure. Voir : *Foran.*

Colston (J. G.) Thesis: Res judicata in the Civil and Criminal law of Quebec. (Laval University. Faculty of law). In-8. *Quebec*, 1870. (30 pages). B. C. Vol. 204.

COMPTES PUBLICS de la Province de Québec pour l'année fiscale expirée le 30 juin 1877. (109 pages). 8vo. B. C Vol. 171.

COMPTES PUBLICS de la Province de Québec, 1867–79, reliés en un volume in-8.

COPIES DES CORRESPONDANCES, &c., relatives à un paiement de $500,-000 par la Puissance du Canada à la Province de Québec, 1879. Br. In-8. B. C. Vol. 184.

COPIES OF CORRESPONDENCE relating to a payment of $500,000 by the Dominion of Canada to the Province of Quebec. Br. In-8, 1879. B. C. Vol. 184.

COUR DU RECORDER de la Cité de Montréal. Rapport des poursuites pénales et civiles et des plaintes portées et jugées durant l'année 1878. (8 pages). 8-vo. *Montréal*, 1879. B. C. Vol. 174.

Crooks (Hon. Adam). Speech delivered in the Legislative Assembly, Ontario, 3rd December 1875, on moving the House into Committee on supply. In-8. *Toronto*, 1876. B. C. Vol. 198.

Cugnet (F. J.) Extraits des regitres du Conseil Supérieur et des Regîtres d'Intendance. Petit in-4to. *Québec*, 1775.

DÉBATS sur le Bill des Pêcheries de l'Hon. Cempbell, devant le Conseil Législatif du Canada, 10 mars 1865. (35 pages). 8vo. B. C. Vol. 183.

DÉBATS sur l'Adresse. Discours de M. Wurtele. B. C. Vol. 194.

DÉBATS de la Chambre des Communes du Canada (publiés avec l'autorisation de la Chambre des Communes, par T. J. Richardson.) Session de 1879. 2 Vol. In-8 royal. Session de 1880. 2 Vols. In-8 royal. *Ottawa.*

DÉBATS parlementaires de la Législature de Québec (extraits des journaux, reliés).

DÉBATS de la Législature Provinciale de Québec, (denxième session du quatrième parlement de la Province de Québec, assemblé pour l'expédition des affaires, le 19 juin 1879). Publiés par J. Alphonse Desjardins. Gd. in-8. *Québec*, 1879.

DEBATES and proceedings of the Senate of Canada (1874, 75, 76, 77, 78, 79 and 1880). 8 vols. Gr. in-8. *Ottawa.*

DEBATES. Parliamentary debates, Dominion of Canada, 4th session, 34 Vic., 1872. Vol. III. 15th of Feb. to 15th of June, 1872. In-8. *Ottawa*, 1872.

DEBATES of the House of Commons of the Dominion of Canada. Session of 1879. 2 Vols. In-8 royal. Session of 1880. 2 Vols. In-8 royal. *Ottawa.*

DÉCISIONS DE LA COUR D'APPEL. *Queen' Bench Reports. Quebec.* Recueillies et publiées par L. O. W. Dorion, B. C. L, avocat. (Depuis la 1ère livraison, janvier 1881) In-8. *Montréal.*

DESPATCH (A) from the Right Hon. Lord Glenelg, H. M. Secretary of State for Colonies, to His Ex. Sir Frs. Bond Head, Lt. Gov. of Upper Canada ; containing H. M. answer to the addresses, &c., of the Leg. Council and House of Assembly ; and his instructions to the Lt. Gov. In-8. *Toronto*, 1836. (36 pages). B. C. Vol. 214.

DISCOURS PRONONCÉS à l'Assemblée Législative de la province de Québec, à l'appui des résolutions Joly, par les Hons. Joly. Mercier, Ross et Irvine et par MM. Flynn, Racicot et Charles Langelier. (Affaire Letellier). Suivis de l'exposé financier de l'Hon. F. Langelier. In-12. *Québec*, 1879.

DOCUMENTS divers (1852–1855), contenant :

Rapport sur la cause de l'incendie de l'Hôtel du Parlement. Février 1854.

Rapport sur l'incendie qui a consumé l'Hospice des Sœurs de la Charité. 3 Mai 1854.

Réponse à une adresse au sujet des réclamations de certains habitants du Ruisseau des Sauvages, demandant compensation pour dommages de la part des citoyens du New Hampshire, (1835).

Rapport relatif à " l'acte pour indemniser les personnes dans le B. C., dont les propriétés ont été détruites durant la rébellion de 1837 38."

Documents divers (1852-1855).—(*Continué*).

Rapport sur les accusations contre la dernière ad·
ministration, 1855.

Réponse à une adresse, etc., demandant copie des
documents relatifs à une étendue de terre en
litige entre les habitants de Russelltown et le
Seigneur de Beauharnois.

Documents de la Session. Parlement Fédéral. Vol. XI, 1878·
(Spécial). 147. In-8. *Ottawa*, 1879.

Documents de la Session. Parlement Fédéral. Nos. 1 à 11. (Vol.
XIII . 11 vols. In-8. *Ottawa*, 1880.

Documents de la session. Québec. Vol. XI, (1877-78,) et vol. XII.
(1878-79). 2 vols. In-8. *Québec.*

Doutre (Joseph). Constitution of Canada. The British North
America Act, 1867; its interpretation, gathered from
the decisions of Courts, the dicta of Judges, and the
opinions of Statesmen and other; to which is added
the Quebec resolutions of 1864, and the constitution
of the United States. In-8. *Montreal*, 1880.

Draper (W. H) Report of cases decided in the Court of King's
Bench of Upper Canada. 10 Geo. IV to Wm. IV,
(1829 à 1831). 2nd edition. In-8. *Toronto*, 1861.

Dubreuil (J. F.) The reference book, being a detailed index of
the statutes affecting the province of Quebec, from
the consolidated statutes of Canada and Lower Canada down to Confederation, and of all acts passed
since Confederation by the Parliament of the Dominion and the Legislature of the Province of Quebec.
In.-8. *Montreal*, 1877.

Dunkin (Hon. Christopher). Financial statement of the treasurer
of the Province of Quebec, submitted 14th February,
1868, with appendices. (36 pages). 8vo. *Québec*,
1868. B. C. Vol. 198.

————Exposé financier. Discours à la séance parlementaire du
14 février 1868. In-8. *Montréal*, 1868. B. C. Vol. 216.

ÉCOLE DE RÉFORME de Montréal. Rapport des directeurs, 1874.
Voir : *Economie sociale.*

ÉDITS, ORDONNANCES royaux, déclarations et arrêts du Conseil d'Etat
du roi, concernant le Canada ; mis par ordre chronologique, et publiés par ordre de S. E. Sir R. S. Milnes,
Lt. Gov. du Bas-Canada. 2 vols. In-4to. *Québec,*
1803-1806.

Vol. 1. Table des titres des Edits, ordonnances.

"   2. Tables des mêmes titres, etc., dans l'ordre qu'ils
sont indiqués dans les régistres du Conseil
Supérieur de Québec.

"   3. Matière des édits et ordonnances, etc.

"   4. Table.

ENQUÊTE. Contestation de l'élection de Berthier, mai 1878. Enquête
des pétitionnaires. In-8 Jésus.

ENQUÊTE judiciaire dans l'affaire Taylor. In-8. 14 pages doubles
colonnes. B. C. Vol. 199.

ESTIMATES of the Province of Ontario, for 1880 and for 1881. 2 Br.
In-8. *Toronto.*

ESTIMATES and statements of the Province of Quebec, for 1867 to
1880. Bound in one vol. In-8.

ÉTAT DES COMPTES PUBLICS de la Province de Québec, pour 1878 et
1879.

ETAT estimatif des dépenses de la Province de Québec, pour l'année fiscale, expirant le 30 juin 1880, préparé tel que
requis par la 36 Vic. Ch. 6. B. C. Vol. 183.

ETAT donnant des détails sur certaines dépenses pour l'année fiscale expirant le 30 juin 1880. B. C. Vol. 183.

ETAT estimatif supplémentaire des dépenses de la Province pour
l'année courante et pour l'année fiscale expirant le
30 juin 1881.

ETAT financier du Surintendant de l'Instruction publique de la
Province de Québec, donnant un état des mandats
de paiments reçus et des dépenses faites pour l'année
fiscale terminée le 30 juin 1879. Br. In-8. *Québec,*
1879. B. C. Vol. 172.

ÉTUDE LÉGALE, ou réponse à certaines questions concernant les
succursales de l'Université Laval à Montréal, avec
commentaires, par * * * In-18. *Montréal*, 1880.
(52 pages). B. C. Vol. 205.

EVANTUREL VS. EVANTUREL.—Before H. M. Privy Council. Trans-
cript of record and proceedings in the Courts of the
Province of Quebec, Canada. Appealed from in a
cause between the Hon. François Evanturel, app.
and Dame E. Malvina Evanturel et vir., resp. In-4to.
(Le titre seul est en anglais).

Ewart (John S.) Ewart's index of the Statutes; being an alphabetical index of all the public statutes passed by the
Parliament of the Dominion of Canada, from 1874 to
1878, inclus.; by the Leg. Ass. of Ontario, from 1874
to the revised statutes, and by the Leg. Assembly of
Quebec, from 1873 to 1876 inclus., and of all orders
in Council, &c. In-8. *Toronto*, 1878.

EXAMEN DE FAIT ET DE DROIT touchant la cause jugée en cour du
banc de la reine, sur appel à Québec, entre Philippe
Pacaud, appelant et le Révérend Pierre Roy, intimé,
le 20 mars 1866. In-8. *Québec*, 1867. B. C. 123.

EXAMEN de l'affaire de la Fabrique Ste-Famille et Moyse Poulin.
Vide: *Droit ecclésiastique*

EXPOSÉ FINANCIER des Trésoriers de la Province de Québec, (1868–
79), reliés en un volume.

EXTRAITS DES RAPPORTS statistiques judiciaires, pour 1878, 1879 et
1880.

Abstracts of Judicial Statistical Return, for 1878.
1879 et 1880. Petit infolio. *Québec*.

FARRELL (Michael). Son crime, son procès, son exécution. (24
pages). 8vo. *Lévis*, 1879. B. C. Vol. 180.

FINANCIAL STATEMENT of the Treasurer of the Province of Quebec.
1868–79. (bound in one vol.)

FINANCIAL STATEMENT of the Superintendent of Public Instruction,
for the Province of Quebec, showing the Warrants
received and the expenditure for the fiscal year
ending, 30th June, 1879. In-8. *Québec*, 1879.

FINANCIAL STATEMENT of the Superintendent of Public Instruction for the Province of Quebec, showing the Warrants received and the expenditure for the fiscal year ended 30th June, 1878. (80 pages). 8vo. *Quebec*, 1878. B. C. Vol. 172.

FIRST REPORT of the Commissioners appointed to classify and consolidate the general statutes of the Province of Quebec. B C. Vol. 183.

Flynn (L'Hon. M.) Projet de loi concernant les mines. (7 pages). 8vo. *Québec.* B. C. Vol. 196.

Foran (Thos. P.) The Code of Civil Procedure of Lower Canada; together with the amendments thereto made since its promulgation; all statutes referring to procedure; the rules of practice of the courts; a classified digest of all reported decisions; tables of tariff of fees payable to advocates, and an analytical index In-8. *Toronto*, 1879.

GAZETTE DE MANITOBA (La). Publiée par autorité. In-4to. *Winnipeg.*

Gugy (A.) Legal intelligence. No. 1. Chief Justice Duval. (22 pages). In-8. B. C. Vol. 204.

——————Facts disclosed in some unreported cases. Publish for the public good, by a victim. In-8. (48 pages). B. C. Vol. 189.

Hart (Adolphus W.) Practical suggestions on mining rights and privileges in Canada, with and appendix containing the Gold Mining regulations, &c. In-8. (54 pages). *Montreal*, 1867.

Hibbard (Ashley). A narrative and exposure of the evil of secret indictments , by Grand Juries. Br. in-8. (48 pages). *Montreal.* B. C. Vol. 181.

Hincks (Hon. Sir F., C. B. K. C. M. G.) Speech delivered at Pembrooke, 27th October, 1870, on public affairs. (18 pages). In-8. *Ottawa*, 1870. B. C. Vol. 198.

Hodgins (Thomas) A sketch of the prerogative of the Crown in colonial legislation. In-8. *Toronto*, 1880. (15 pages).

Honey (John). Tableaux indiquant le nombre et la dénomination des timbres, etc. Vide: *Tableaux.*

How (Henry). The mineralogy of Nova-Scotia. A report to the government. In-8. *Halifax,* 1869.

Howell (Alfred). The law and practice as to probate, administration, and guardianship, in the Surrogate Courts, in common form and contentious business, including all the statutes, rules and orders, to the present time, together with a collection of forms. In-8. *Toronto,* 1880.

INDEX DES AMENDEMENTS aux Statuts de la province de Québec et aux Statuts fédéraux, présenté par les commissaires nommés pour classifier, reviser et refondre les Statuts généraux de la province de Québec, en même temps que leur premier rapport. Préparé par G. B. de Boucherville. (68 pages). Gd. in-8. B. C. Vol. 192.

JÉSUITES. Les anciens biens des Jésuites. Extrait de la " Revue Canadienne " du 19 mai 1846. B. C. Vol. 190.

Joly (H. G.) Discours sur la Confédération, prononcé à la Chambre, le 20 février 1865. Br. in 8. *Québec,* 1865. B. C. Vol. 181.

JOURNALS of the Legislative Council of the Province of Canada 1st session of the first Provincial Parliament, 1841, to 2nd session, 2nd Parliament, 1846. 5 vols. Folio. *Kingston–Montréal.* And vol. 16 (1858). In-8. *Quebec.*

JOURNALS of the House of Commons of the Dominion of Canada, session 1879 (13th February to 15th May), 42 Vic. Vol. XIII. In-8. *Ottawa.* and session of 1880. Vol. XIV and appendix. 2 Vols. In-8. *Ottawa,* 1880.

JOURNALS of the Senate of Canada. Vol. XIII, 1st. session, 4th Parliament, 1879). In-8. *Ottawa,* 1879.

JOURNALS of the Legislative Assembly of Quebec from (June 19th to Oct. 31st. 1879) 42 and 43 Vic. Vol. XIII. From May 28th to July 24th 1880. 42 to 44 Vict. Vol. XIV, 2 vols. In-8. *Quebec.*

JOURNALS of the Legislative Council of Quebec. Vol. XIII. 1879. Vol. XIV. 1880, 2 vols. In-8. *Quebec.*

JOURNALS of the Legislative Assembly of the Province of Ontario. Vol. XII. (From 9th to March 11th, 1879, 42nd Vict., and vol. XIII. (June to March 1880). 2 vols. In-8. *Toronto.*

JOURNALS and proceedings of the House of Assembly of the Province of Nova Scotia,(session 1879). In-8. *Halifax,* 1879.

JOURNALS and proceedings of the Leg. Council, Nova Scotia, session 1879. In-8. *Halifax,* 1879.

JOURNALS of the House of Assembly, New Brunswick, 1878, 1879. 2 vols. In-4to. *Fredericton.*

JOURNALS of the House of Assembly, Prince Edward Island. 1879. In-8. *Charlotte-town,* 1878.

JOURNALS of the Legislative Assembly of the Province of British Columbia, sessions 1879, 1880. 2 Vols. Petit in 4to. *Victoria.*

SESSIONAL PAPERS of British Columbia. Session 1880. In-8. *Victoria.*

JOURNAUX du Conseil Législatif de la Province du Canada. Vols. 1er, 2e, 3e et 4e (1841, 2, 3 et 1846). 4 vols. In-4to. *Kingston* et *Montréal.* et Vol. XV (1857). In-8. *Toronto.*

JOURNAUX du Conseil Législatif de la Province de Québec. Vol. 13 et 14, (1879 et 1880). 2 vol. In-8. *Québec.*

JOURNAUX de la Chambre des Communes. Vol. XIII. In-8. *Ottawa,* 1879.

JOURNAUX de la Chambre des Communes. Vol. XVI. In-8. *Ottawa,* 1880.

JOURNAUX du Sénat. Vol. 13, 1879, et vol. 14, 1880. 2 vols. In-8. *Ottawa.*

JOURNAUX de l'Assemblée Législative Québec, 1879 et 1880. 2 Vols. In-8. *Québec.*

JOURNAUX de l'Assemblée Législative, Manitoba, 1879 et 1880. 2 Vols. In-8. *Winnipeg.*

JURIST (the). Vide : *Lower-Canada* Jurist.

Lafontaine (L. H.) Analyse de l'ordonnance du Conseil Spécial sur les bureaux d'hypothèques, suivie du texte anglais et français de l'ordonnance; des lois relatives à la création des ci-devant bureaux de comtés et de la loi des lettres de ratification. In-12 *Montréal,* 1842.

Langelier (Hon. F.) Speech on the Budget, delivered in the Legislative Assembly, Quebec, 22nd July, 1879. (29 pages). 8vo. *Quebec,* 1879. B. C. Vol. 198.

LA QUESTION DES FABRIQUES. Vide : Droit Ecclésiastique.

LAVAL UNIVERSITY. Faculty of Law. Thesis by J. G. Colston: Res judicata in the civil and criminal law of Quebec. In-8. *Quebec,* 1870. B. C. Vol. 204.

LAW REPORTS. Cases argued and determined in the Superior Court, 1875–1876. In-8.

————In the Supreme Court of Canada. Between C. S. Crysler and Alex. McKay. Appeal from the Court of Appeal for Ontario. Br· in-4to. *Ottawa,* 1878.

————In the Supreme Court of Canada. Appeal from a judgment rendered Sept. 1877, by the Superior Court of Montreal, sitting in Review. Duncan Mac-Donald and Harry Abbot. In-4to. *Mont·eal.*

·————Reports of Cases decided in the Court of Common pleas, by George F. Harman. Robinson editor. Vol. XXIV to XXIX. 6 vols. In-8. *Toronto,* 1875-1879.

————Reports of cases decided in the Court of Queen's Bench, by S. J. Vankoughnet. Vol. XLIV. In-8. *Toronto,* 1880.

————Reports of cases decided in the Court of Queen's Bench. Vol. 13, by Jos. Robinson. Vol. 35 to 42, by H. C. W. Wethey. Vol. 43, by S. J. Vankoughnet. 10 vols. In-8. *Toronto,* 1876-1879.

————Queen's bench and practice Court reports (old series), published by J. L. Robinson. (Reprinted). Commencing from the end of M. Draper's vol. of printed reports. 4 vols, in-8. *Toronto,* 1877.

LAW REPORTS. Reports of cases decided in the Court of Appeal, on appeal from the Superior and County Courts, appeals in insolvency and election cases, by J. Stewart Tupper; Christopher Robinson, editor. Vols. 2 & 3. 8 vols. In-8. *Toronto*, 1878-1879.

LEGAL NEWS (the). Vol. 2 et vol. 3. In-8. *Montréal.*

Loranger (T. J. J.) Commentaire sur le Code Civil du Bas-Canada. Livre premier, titre cinquième. Du mariage. Tome second. Gd. in-8. *Montréal*, 1880.

LOWER CANADA JURIST (the). Collection de décisions du Bas-Canada. Vol. 23 et 24. 2 vols. in-8. *Montréal*, 1879 et 1880.

Macdonald (Sir J. A.) Discours prononcé dans la salle de Musique, à Québec, le 15 octobre 1879. (Extrait de la *Minerve).*

MARINE AND FISHERIES. Report of the Department (1879-1880). In-8. *Ottawa.*

McCord (Thomas). Civil Code. 3rd edition, with notes, &c. by Nicolls. In-18. *Montreal*, 1880.

MEMOIR OF THE LIFE of John Hart, the celebrated robber, who was executed in Quebec, on the 10th day of Nov. 1827, for having been convicted of the robbery of the Roman Catholic Cathedral of this city. In-8. (13 pages). B. C. Vol. 214.

MINERALOGY (the) of Nova Scotia. A report to the Government by Henry Howe. In-8. *Halifax*, 1869.

MINING ACT (THE QUEBEC GENERAL). 43 & 44 Vict., 1880. (46 pages) 8vo. *Quebec*, 1880. B. C. Vol. 196.

NORTH-WEST, TERRITORIES. Ordinances passed in the years 1878 & 1879. In-8. *Battleford*, 1879.

NOTICE HISTORIQUE sur l'enseignement d. droit en Canada. pages). In-12. *Montréal*, 1862. B. C. Vol. 205.

NUT LOCKS. Papers relating to Nut Locks. 3 feuilles. *Ottawa* 1879.

ORDINANCES made and passed by the administration of the Government and Special Council, for the affairs of the province of Lower Canada. 4 vols. in-to. *Québec*, 1838-1839. (Anglais et français dans les mêmes volumes).

ORDONNANCES faites et passées par l'administration du gouvernement et le Conseil Spécial pour les affaires de la province de Québec. 4 vols. 4to. *Québec*, 1838-1839. (Anglais et français dans le même volume).

ORDONNANCES DES INTENDANTS et arrêts portant réglements du Conseil Supérieur de Québec, avec les commissions des gouverneurs et intendants, etc. :

    1° Commission des gouverneurs et intendants.

    2° Ordonnances des intendants.

    3° Arrêt et réglements du Conseil Supérieur de Québec.

    4° Jugements des intendants.

    5° Commission des officiers civils.

Pagnuelo (S.) Lettres sur la réforme judiciaire. In-8. *Montréal*, 1880.

PARTAGE DE LA DETTE entre Québec et Ontario, 1870. (Correspondance et documents). In-8. *Québec*, 1870.

Perrault (J. F.) Manuel des Huissiers de la Cour du Banc du Roi, du district de Québec, dans la province du Bas-Canada. In-32. *Québec*, 1813. (76 pages). B. C. Vol. 206.

PREMIER RAPPORT de la Commission nommée pour classifier, reviser et refondre les statuts généraux de la province de Québec. (12 pages). 8vo. B. C. Vol. 183.

PROCÈS Evanturel. Voir : Evanturel.

PROCÈS des Narbonne. Assises criminelles du district de Terrebonne et Sainte-Scholastique. Extraits de journaux. B. C. Vol. 216.

PROCÈS de Jean Baptiste Corriveau, accusé et trouvé coupable du meurtre de Mlle. Charlotte Todd, sa belle-mère, et comdamné à être pendu, vendredi, le 26 Sept. 1856. Gd. in-8. *Québec*, 1886. (32 pages). B. C. Vol. B.

Procès de J. R. Healey, en juillet 1864. Affaire Crémazie. (22 pages). Gd. in-8, petit texte. B. C. Vol. B.

Procès de Joseph Ruel, convaincu du meurtre de Toussaint Boulet, empoisonné le 12 février 1868, condamné à être pendu le 1er juillet 1868. Gd. in-4to. (45 pages petit texte). *St-Hyacinthe*, 1868.

Procès de Desforges. Précis historique de l'exécution de J. Bte. Desforges et de Marie-Anne Crispin, veuve J. Bte. Gohier dit Belisle, meurtriers de Catherine Prevost, femme d'Antoine Desforges, 25 juin 1858, par M. H Beaudry, ptr., curé de St-Jean Chrysostôme. 2e édition. In-18. *Montréal.* B. C. Vol. 86.

Procès de J. Bte. Beauregard, convaincu du meurtre de Anselme Charron. In-8. *Montréal*, 1859. (48 pages).

Procès de Greenwood, sous l'accusation de meurtre. Assises de York et Peel. Br. in-12. *Toronto*, 1863. (20 pages). B. C. Vol. 214.

Procès de Cléophas Lachance, trouvé coupable du meurtre d'Odélide Desilets, pris et sténographié par Charles O. Bernier, député P. C. S. Arthabaskaville. In-18 · *Trois-Rivières*, 1881. B. C. Vol. 215.

Propriété Littéraire et Artistique. Voir : *Circulaire.*

Public Accounts of the Province of Quebec, 1867–79. (Bound in one vol. in-8).

————— Of the province of Ontario, for the years 1868 to 1873 incl. Reliées en 1 vol., et de 1874 à 1878 incl., reliés aussi en 1 vol. *Toronto.*

Quebec Board of Trade. Acts of incorporation and by-laws. In-8. *Quebec*, 1876. (23 pages). B. C. Vol. 205.

Quebec Law Reports (the). Rapports judiciaires de Québec. Vol. 5e et 6e. 2 vol. In-8. *Québec*, 1879 et 1880.

Rapport (dixième) des Inspecteurs des prisons, asiles, etc., de la province de Québec pour l'année 1879. In-8. *Québec·* 1880.

RAPPORT sur la quatrième élection générale, et les élections tenues depuis, jusqu'au 2 avril 1879, pour la Chambre
des Communes du Canada. Br. 8vo. *Ottawa*, 1879.

————(Premier) des Commissaires nommés pour classifier reviser et refondre les statuts généraux de la province
de Québec. (9 pages). 15 février 1878. Gd. in-8.
B. C. Vol. 183.

————du comité nommé par l'Assemblée Législative de Québec, pour s'enquérir des circonstances relatives au
transport des droits du gouvernement sur la ferme
de Notre-Dame des Anges. In-8. *Québec*, 1879.

RAPPORTS JUDICIAIRES de Québec. Lower Canada Reports. Vols.
5e et 6e. 2 vols. In-8. *Québec*, 1879–1880.

RECORDER's COURT of the City of Montreal. Report of penal and
civil prosecutions disposed of before the Recorder's
Court during the year 1878. (8 pages). 8vo. *Montréal*,
1879. B. C. Vol. 174.

RÉPONSE à une adresse, etc., demandant copie de toute correspondance échangée depuis la dernière session avec le
gouvernement, concernant la nomination des Commissaires pour la décision sommaire des petites
causes, en la paroisse de St-Joseph, comté des Deux
Montagnes, des plaintes portées contre les ex-com-
missaires, 1879. B. C. Vol. 194.

RÉPONSE à une adresse de l'Assemblée Législative, en date du 6
août 1879, priant Son Honneur le Lt.-Gouverneur de
vouloir faire mettre devant cette chambre : copies de
tous papiers, documents, lettres, etc., ayant rapport
à la destitution d'Hyppolite Corneillier, officier du
revenu du district de Joliette, etc. Br. in-8. *Québec*,
1879.

RÉPONSE à une adresse de l'Assemblée Législative à Son Honneur
le Lt. Gouverneur, en date du 27 juin, 1879, demandant un état indiquant le montant des sommes re-
mises par le Département des Terre de la Couronne
ou aucun autre, aux MM. Hall, etc. *Québec*, 1879

RÉPONSE à une adresse de l'Assemblée Législative, en date du 27 juin 1879, à Son Hon. le Lt.-Gouverneur, demandant un état des dépenses de l'octroi de colonisation, depuis la dernière session, indiquant le montant dépensé dans chaque comté

RÉPONSE à une adresse de l'Assemblée Législative, en date du 6 août 1879, à Son Hon. le Lt.-Gouverneur, demandant copies de tous papiers, documents, lettres, etc., ayant rapport à la destitution du nommé J. C. Bachand, écuier, régistrateur pour le comté de Bagot.

RÉPONSE à une adresse de l'Assemblée Législative, en date du 23 juin 1880, demandant copies de tous les rapports à la chambre, depuis le 1er mars 1878, concernant le tracé du chemin de fer du Nord. In-8. *Québec*, 1880.

RÉPONSE à des adresses du Sénat et de la chambre des Communes, au sujet du retrait des troupes du Canada et de la défense du pays; et rapport de l'Hon. M. Campbell In-8. *Ottawa*, 1871.

RÉPONSE à une adresse. Dépenses de la police à cheval du Nord-Ouest, 1876-77-78. Et état de toutes les sommes d'argent payées à J. G. Baker & Cie. In-8. *Ottawa*, 1879.

RÉPONSE à ordre. Correspondance relative à la digue et aux écluses de Carillon, depuis leur commencement en 1873 jusqu'au 10 mai 1879. In-8. *Ottawa*.

RÉPONSE au mémoire produit par les prétendus seigneurs de Mingan. (34 pages). 8vo., 1868. B. C. Vol. 182.

REPORT of the Hon. the Provincial Secretary on the working of the tavern and shop licenses acts, for 1879. In-8. *Toronto*.

REPORT (fifth annual) of the School of Agriculture and experimental farm, for 1879. In-8. *Toronto*, 1880.

REPORT of the Minister of Agriculture of Quebec, 1867. Vide: Agriculture.

REPORT of the proceedings of the Committee appointed by the Legislative Assembly of Quebec, to investigate the circumtances connected with the transfer of the government right in and upon the farm of Notre-Dame des Anges. In-8. *Québec*, 1879.

REPORT of the Inspector of division Courts for the year 1878 Pamp. In-8. *Toronto*, 1879.

REPORT of the Commissioner of Public Works, for the year ending 31st December, 1879. Pamph. In-8. *Toronto*, 1880.

REPORT of the Inspector of Insurance, for 1879. In-8. *Toronto*

REPORTS of cases. Voir : Taylor.

RETURN to an address from the Hon. the Legislative Assembly, asking for copies of the correspondence between the Government of the Province of Quebec and the Gov. of the Dominion and Ontario, since the Government of the Dominion resumed the payment of the excess of the debt of the late province of Canada over the sixty two millions. Quebec, 2nd December, 1876. L. A. Clapleau, secretary. (Copie unique. B. C. Vol. B.

RETURN to order. Expenditure for North-West mounted police, 1876-77-78, and of all amounts paid to J. G. Baker & Co. In-8. *Ottawa*, 1879.

RETURN on the fourth general election, and elections held subsequently thereto up to the date hereof, 2nd April, 1879, for the House of Commons of Canada. 8vo. *Ottawa*, 1879.

RETURN to an order of the Legislative Assembly for statement of all the loans effected to date by the province of Quebec, by means of Bonds or Debentures or otherwise, indicating the rates at which such Bonds or Debentures were negociated and the rates of interest payable by the province upon such loans. (63 pages). 8vo. *Quebec*, 1879. B. C. Vol. 192.

REVUE LÉGALE (La). Recueil de Jurisprudence et d'Arrêts. Vol. 9 Vol. 10. In-8. *Sorel*, 1879 et 1880.

Robertson (Hon. J. G.) Speech on the Budget of the province of Quebec, delivered in the Legislative Assembly, Quebec, 24th November, 1871. (46 pages). *Quebec*, 1871. B. C. Vol. 198.

———————————Discours sur le budget, prononcé à l'Assemblée Législative, le 24 novembre 1871. (46 pages). 8vo. *Québec,* 1872. B. C. Vol. 198.

——————— ———Speech on the Budget of the province of Quebec, delivered in the Legislative Assembly Quebec, 2nd February, 1875. (44 pages). 8vo. *Quebec*, 1875. B. C. Vol. 198.

——————————Speech on the Budget, 6th December, 1875. B. C. Vol. 192.

——————————Exposé de la position financière de la province de Québec, 28 mai 1872. B. C. Vol. 198.

Robidoux (J. E.) Rapport sur l'état des bureaux des Protonotaires de la Cour Supérieure, du Greffier de la Couronne et de la Paix, et sur le bureau de Police, à Montréal. (Par ordre de l'Assemblée Législative). In-8. 1879.

Rose (Hon. John). Speech on the Budget, delivered in the House of Commons, Ottawa, 7th May, 1869. (38 pages). 8vo. *Ottawa,* 1869. B. C. Vol. 198.

Ross (J. W.) et **Charlton** (John). Discours prononcés en la Chambre des Communes, sur la proposition : Que la chambre se forme en comité des subsides. Critique impartiale de la politique financière du Cabinet McKenzie. (Session 1878 Br. in-8. *Ottawa*, 1878. B. C. Vol. 184.

Rouleau (Chas. B.) Notre système judiciaire. (16 pages). In-8. *Ottawa*, 1880. B. C. Vol. 212.

RULES, orders and forms of proceeding of the Legislative Assembly of Canada. In-12. *Quebec*, 1860.

SELECTIONS from the public documents. Edited by Thomas B. Akins. The translation from french, by B. Curran. In 8. *Halifax*, 1869.

Sessional Papers. Canada. Vol. XIII. Session 1880. No. 1 to 11. 11 vols. In-8. *Ottawa.*

——————Referred to in the 13th Vol. of the Journals of the Legislative Council of Canada, 1854-55. 14 vols. In-8. *Quebec*, 1854.

——————Quebec. Vol. 12. (3d. in-8. *Quebec*, 1878-79.

——————Ontario. Vol. XI. Part 1st to VIIth. 6 vols. In-8. 4th session of the third Parliament, *Toronto*, 1879.

——————Ontario, 2nd session, third Parliament, 1879. In-4to. *Toronto*, 1879.

Soumissions pour les travaux du chemin de fer Canadien du Pacifique reçues depuis janvier 1879. In-8. *Ottawa*, 1880.

Statement showing the details of certain services for the financial year, ending 30th June 1881. Br. in-8.

Statutes of the Province of Quebec, passed in the 42nd and 43rd Vict. (1879) and 43rd 44th Vict., (1880.) 2 vols. In-8. *Quebec*.

Statutes of the Dominion of Canada, passed in the 42nd year Vic. 1st session of the 4th Parliament. Vol 1, Public Gen. Acts. (Bound in on vol.). 8vo. *Ottawa*, 1879, and 43 Vict., 1880. Vol. 1 to 11. Contents Act of Imperial Parliament, treaties, orders in Council (imperial), despatches, orders in Council (canadian, &c.).

    Public General Acts.

    Local and private Acts.

Statutes of the Province of Ontario, (fourth session of the third Legislature). 8vo. *Toronto*, 1879, and statutes passed in the 43rd year of H. M. Queen Victoria, 1880. In-8. *Toronto*.

Statutes of the Province of Nova Scotia, 41st and 42nd Vict., 1878, and statutes of 1879. 2 vols. In-8. *Halifax*.

Statutes of the Province of Manitoba, passed in the session held in the 42nd and 43rd Vict, being the 1st session of the 3rd Parliament, 1879. In-8. *Winnipeg*, 1878, and statutes passed in the 43rd year of Q. 'V., 1880. In-8. *Winnipeg*.

STATUTES of the province of British Colombia, 41 and 42 Vict., (1878.) and 42-43 Vict., (1879) and 43-44 Vict., (1880.) 3 vols. petit in-4to. *Victoria.*

STATUTS de la province de Québec (42e et 43e Vict.) 1879 et (43e et 44e Vict.) 1880. 2 vol. In-8. *Québec.*

STATUTS du Canada, 41e et 42e Vict. 2 vols. en un. Vol. 1er. Actes publics et généraux, précédés des "Actes réservés," des traités, des ordres en conseil. Vol. 2. Actes privés et locaux. In-8. *Ottawa*, 1878-79.

STATUTS du Canada, 4e Parlement, 43 Vict. Vol. 1–11. In-8. *Ottawa*, 1880.

STATUTS de la Province de Manitoba, 42e et 43e Vict., 1879. In. 8. *Winnipeg.*

Stevens (Jas. Gray) Analytical digest of the decisions of the Supreme Court of Judicature of the province of New Brunswick. 2nd edition. From 1825 to 1879. Gd. in-8. *Toronto*, 1880.

———— ————General rules of the Supreme Court of the province of New Brunswick, from 1875 to 1880, and the election Court under the Dominion controverted election act of 1874. In-8. *Toronto*, 1880. (80 pages).

———— ————Stevens on indictable offences and summary convictions. Founded on Dominion Statutes 32–33 Vict., Chap. 29, 30 & 31. In-8. *Toronto*, 1880.

SUITE DU MÉMOIRE sur la propriété des biens du Séminaire de Montréal. (64 pages). B. C. Vol. 193.

SUPREME COURT of Canada. In appeal from a judgment of the Court of Queen's Bench, appeal side, rendered at Montreal, Dec., 1877. L'Union St. Joseph de Montreal vs. Charles Lafrance.

TABLEAUX indiquant le nombre et dénomination des timbres les plus convenables pour paiement, en vertu du Cap. 5, 27, 28 Vict., des honoraires et taxes sur les procédures judiciaires, dans les Cours Supérieures et de Circuit du Bas-Canada, par John Honey. In-8. *Québec*, 1864. (91 pages). B. C. Vol. 199.

TABLEAUX du Commerce et de la Navigation. Voir: *Commerce.*

TABLES of the Trade and Navigation of the Dominion of Canada,
for the fiscal year ending 30th June, 1880. In-8. .
Ottawa, 1880.

TARIFF. Debate in the Senate on the Tarff. May 9th, 1870. In-8.
Ottawa, 1870. B. C. Vol. 183.

TAYLOR. Vide: *Enquête.*

Taylor (Thos.). Reports of cases decided in the Court of King's
Bench of Upper Canada. 2nd edition. In-8. *Toronto,*
1862.

THÉMIS (La). Revue de législation, de droit et de jurisprudence·
Publication mensuelle de 128 pages par livraison.
Vol. 1er et vol. 2e. 2 vols. in-8. *Montréal,* 1879 et
1880.

Tilley (Hon. S. L.) Budget speech, delivered in the House of
Commons of Canada, on Tuesday, the 1st. April, 1873.
In-8. *Ottawa.* Vol. *Speeches on budget,* 1867–1881.

————————————Finances of Canada. Budget speech, delivered
in the House of Commons of Canada, 14th March,
1879. (36 pages). In-8. *Ottawa,* 1879.

————————————Les finances du Canada. Discours sur le budget, prononcé dans la chambre des Communes du
Canada, le 14 mars 1879. (36 pages). In-8. Discours
prononcé le 9 mars 1880. 80 pages. In-8. *Ottawa.*

Todd (Alpheus). Parliamentary Government in the British Colonies. In-8. *Boston,* 1880.

TRIAL of Patrick J. Whelan for the murder of the Hon. Thomas
d'Arcy McGee (with a photograph of the accused).
In-8. *Ottawa,* 1868. (88 pages). B. C. Vol. 214.

TRIAL of Baptiste Cadieu, for murder ; tried at Three-Rivers, in
the March session, 1838. In-8. *Three-Rivers,* 1853.
B. C. Vol. 214.

TRIAL (The), defence, &c., of William Ross, who was executed,
together with Robert Ellis, J. B. Monarque and W.
Johnson, at Quebec, in April last, for a burglary and
robbery committed at the house of Messire Masse,
curé of Pointe-Levis, on the night of the 29th Sept.
1826. In-12. *Quebec,* 1827. B. C. Vol. 205.

Tupper (J. Stewart). Reports of cases decided in the Court of Appeal, on appeal from the Superior and County Courts. Appeal in insolvency and election cases. Vol. 1st. In-8. *Toronto*, 1878.

Université Laval, Montréal. Inauguration de la Faculté de Droit (48 pages). 8vo. *Montréal*, 1878. B. C. Vol. 171 et 182.

Upper Canada Jurist (the) containing original and selected articles on legal subject; some important decisions in bankruptcy and chancery in Upper Canada, and in the English Common Law Courts, 1844-48. 2 vols. 8vo. *Toronto*, 1877.

Votes and Proceedings of the House of Commons, since 1867, 1st session of the 1st Parliament. 13 vols. petit in-folio. *Ottawa*.

Votes and Proceedings of the Legislative Assembly of Ontario. *Toronto*, 1880.

Votes et Délibérations et ordres du jour de l'Assemblée Législative de Québec, depuis la 1ère session, 1867-68 jusqu'à 1876 inclus. 10 vols. petit in-folio.

Votes et Délibérations de la chambre des Communes, depuis la 1ère session du 1er Parlement, (1867). 13 vols. petit in-folio. *Ottawa*.

Watson (S. J.) The powers of the Canadian Parliaments. In-8. *Toronto*, 1880.

Willan (John Henry). Manual of the Criminal Law of Canada. In-8. *Quebec*, 1861. (88 pages). B. C. Vol. 196.

Wood (Hon. Q. B.) Speech delivered on the 10th December, 1869, in the Legislative Assembly of Ontario. (73 pages). 8vo. *Toronto*, 1869. B. C. Vol. 198.

Wotherspoon (Juan). A manual of the practice and procedure in the several courts having civil jurisdiction in the province of Quebec. Containing the Code of civil procedure of Lower Canada, with the amendments thereto made since its promulgation, the authorities, &c. Revised edition. In-8. *Montreal*, 1880.

Wurtele. Débats sur l'adresse, session 1878. Discours. (8 pages, doubles colonnes).

DROIT COMMERCIAL ET INTERNATIONAL.

———

COMMERCIAL AND INTERNATIONAL LAW.

Bédarride (J.) Droit Commercial. Livre premier, titre septième. Des achats et ventes. In-8. *Aix*, 1878.

BULLETIN de statistique et de Législation comparée. 3e et 4e années. 2 brs. In-8. *Paris*, 1879, 1880.

Gallaudet (Ed.). A manual of International Law. In-12. *New-York*, 1879.

JOURNAL DU DROIT international privé et de la jurisprudence comparée, fondé et publié par Ed. Clunet. Tome 5e. In-8. *Paris*, 1878.

DROIT ECCLESIASTIQUE.

———

ECCLESIASTICAL LAW.

JURISPRUDENCE CIVILE–ECCLÉSIASTIQUE. Examen critique des questions de fait et de droit soulevées dans la cause ci-devant pendante à Québec, devant la Cour Supérieure et la Cour du Banc de la Reine en appel, entre la fabrique de Ste-Famille et Moyse Poulin, dans laquelle se rattachent de graves questions, tant de droit civil-ecclésiastique, que de droit honorifique, en matière de bancs d'église. In-8. *Québec*, 1858. (72 pages). B. C. Vol. 203.

LA QUESTION des Fabriques, par un ami de l'ordre. B. C. Vol. 193.

DROIT ETRANGER.

—

FOREIGN LAW.

Annuaire de Législation étrangère, publiée par la société de Législation comparée, etc. 7e et 8e années. 2 vols. royal. in-8. *Paris*, 1878 et 1879.

Belderen (Arnoldus Corvinus à). Digesta per aphorismos strictim explicata. Editio postrema, multo auctior et emendatior. In-32. *Amsterodami*, ex officiciuâ Elzeviriauâ, 1664.

Catalogue de la Bibliothèqne du comité de Législation étrangère, juillet 1879. In-8 royal. *Paris*, 1879.

Constitution de la Belgique. (Se trouve dans le Code de l'Instituteur Belge, par Angenot).

Coutume du pays et comté de Hainaut, par Ch. Faider. Tome 8e. Coutumes locales. In-4to. *Bruxelles*, 1878.

Coutumes des pays et comté de Flandre. Contume du Franc de Bruges. par L. Gilliods–Van Severen, tome 3e. In-4to. *Bruxelles*, 1879.

Coutumes de la ville de Malines, par G. de Longé. In-4to. *Bruxelles*, 1880.

FRENCH LAW AND OFFICIAL REPORTS.

Aubry (C.) et **Rau** (C). Cours de droit civil français d'après la méthode de Zachariæ. 4e édition. Tôme 8e. In-8. *Paris*, 1879.

Bourguignon (A.) Eléments généraux de législation française. In-12. *Paris*, 1878.

Brun (Lucien). Introduction à l'étude du droit. In-18. *Sceaux*, 1879.

BULLETIN de la société de Législation comparée. Tome 7e, 1877-78. Tome 8e, 1878–79. 2 vols. royal 8vo. *Paris*.

CAUSES CÉLÈBRES. Répertoire général des causes célèbres, anciennes et modernes, rédigé par une société d'hommes de lettres, sous la direction de B. Saint-Edme. 13 vol. In-8. *Paris*, 1834.

CODE PERRIN, ou dictionnaire des constructions et de la contiguïté. Législation complète des servitudes et du voisinage. Edition refondue par Amb. Rendu. In-8. *Paris*, 1878.

CONFÉRENCE de l'ordonnance de la marine, du mois d'août 1681, avec les anciennes ordonnances, le droit romain et les réglements sur cette matière. In-4to. *Paris*, 1715.

COUTUME DE PARIS. Notes sur la coutume de Paris, indiquant les articles encore en force avec tout le texte de la coutume, à l'exception des articles relatifs aux fiefs et censives des terres, du retrait lignager et de la garde noble et bourgeoise, par T. K. Ramsay. In-8. *Montréal*, 1863.

CRÉDIT FONCIER de France. Législation et statuts. In-8. *Paris*, 1877.

Desjardins (Arthur). Traité de Droit commercial maritime. Tome premier. In-8. *Paris*, 1878.

ENCYCLOPÉDIE du notariat et de l'enrégistrement, ou dictionnaire de législation, de doctrine et de jurisprudence, en matière civile et fiscale (avec formules) (sous la direction de Ch. Lansel). 6 vols. in-8. *Paris*, 1879.

Guillain (Emile). De l'influence de l'erreur sur la validité des contrats en droit français. Gd. in-8. *Paris*, 1878.

Lansel. Voir : Encyclopédie du notariat.

Lods (Armand). De la vente à réméré, précédée d'une étude sur le *lex commissoria.* Gd. in-8. *Paris*, 1879.

Mailher de Chassat (A.) Traité de l'interprétation des lois. In-8. *Paris*, 1836.

ORDONNANCES des rois de France de la troisième race, recueillies par ordre chronologique, avec des renvoys des unes aux autres, des sommaires, des observations sur le texte et cinq tables, la 1ère des Pâques, la 2e des ordonnances par ordre de date, la 3e des matières, la 4e. des noms des personnes, et la 5e, des noms de lieux. 21 vols. in-folio, (les six derniers vol. manquent).

Vol. I.—Depuis Hugues Capet, jusqu'à la fin du règne de Charles LeBel, par M. de Lannière, (1723).

Vol. II. – Ordonnances de Philippe de Valois et da roi Jean (1355). *Paris*, 1729.

Vol. III.—Ordonnances du roy Jean (1355-1364). Par M. Secousse. 1732.

Vol. IV.- Suppléments pour le règne de Jean, et ordonnances de Charles V, pendant les années 1364, 1355, 1366. Par M. Secousse, 1734.

Vol. V —Ordonnances de Charles V (1367-1373). (Par M. Secousse, 1736).

Vol. VI.—Ordonnances de Charles V et Charles VI, jusqu'à la fin de 1382. (Par M. Secousse, 1741).

ORDONNANCES DES ROIS DE FRANCE.—(Continué.)

Vol. VII.—Ordonnances de Charles VI, (1383-1394).
(Par M. Secousse, 1745).

Vol. VIII.—Ordonnances de Charles VI, (1395-1402).
1850.

Vol. IX.—Ordonnances de Charles VI (1404-1411).
(Par M. de Vilevault, 1755).

Vol. X.—Ordonnances de Charles VI, (1411-1418).
(Par M. de Vilevault et de Bréquigny, 1763).

Vol. XI.—Ordonnances de Charles VI (1419 jusqu'à
la fin de son règne). Avec un supplément pour
les volumes précédents. (Par de Vilevault et de
Bréquigny, 1769).

Vol. XII.—Contenant un supplément depuis l'an
1187 jusqu'à la fin du règne de Charles VI. (Par
M. de Vilevault et de Bréquigny, 1777.

Vol. XIII.—Ordonnances de Charles VII, jusqu'à
1448. (Par de Vilbault et de Bréquigny, 1782).

Vol. XIV.—Ordonnances de Charles VII, jusquà sa
mort, 1461. (Par M. de Bréquigny, 1790).

Vol. XV.—Ordonnances de Louis XI, jusqu'en 1463.
(Par M. Pastoret, 1791).

Pothier. Œuvres annotées, par Bugnet. 2e édition. Tome 4e.
In-8. *Paris*, 1861.

REVUE GÉNÉRALE du droit, de la législation et de la jurisprudence
en France et à l'étranger. 1ère et 2e année, 1877 et
1878. 2 vols. 8vo. *Paris*.

Rivier (Alphonse). Traité élémentaire des successions à cause
de mort en droit romain. In-8. *Bruxelles*, 1878.

TESTAMENT de M. le marquis de Villette. Question de fidéi-com-
mis. M. de Montreuil contre Monseigneur de Dreux-
Brezé, évèque de Moulins. Plaidoirie de M. Piocque.
Recueillie par J. Sabbattier. (Extrait de la Tribune
Judiciaire). Br. in-8. *Paris*, 1860. (19 pages).

THÈSE pour la licence, soutenue par Henri Schmit. Br. in-8. *Paris*, 1877.

RAPPORTS OFFICIELS.

OFFICIAL REPORTS.

AFFAIRES ETRANGÈRES. Documents diplomatiques. Affaires d'Orient. Congrès de Berlin, 1878. In-4to. *Paris*, 1878.

BUDGET de l'exercice 1880.

1. Projet de loi concernant les contributions directes et taxes y assimilées;

2 à 12. Projet de loi pour la fixation des recettes de l'exercice 1880. 12 br. in-4to. *Paris*.

BULLETIN de statistique et de législation comparée. 3e et 4e années. 2 brs. in-8. *Paris*, 1880.

COMPTE GÉNÉRAL de l'administration des finances, rendu pour l'année 1875. In-4to. *Paris*, 1878.

COMPTE GÉNÉRAL de l'administration de la justice maritime, pour les années 1832 à 1873. 4 vols. in-4to. *Paris*, 1869, 1877.

COMPTE GÉNÉRAL des travaux du Conseil d'Etat, depuis le 10 août 1872 jusqu'au 31 décembre 1877, présenté au président de la République par le président du conseil. In-4to. *Paris*, 1878.

LA SITUATION FINANCIÈRE des Communes en 1879. (2e publication). In-4to. *Paris*.

NAVIGATION INTÉRIEURE. Cours d'eau administrés par l'Etat. Relevé général du tonnage des marchandises, par espèce, par classe et par cours d'eau, tant à la descente qu'à la remonte, (1878). In-4to. *Paris*.

PROGRÈS des études relatives à l'Egypte et à l'Orient. Gd. in-8. 1867.

PROGRÈS des études classiques et du moyen âge, philologie celtique, numismatique. Gd. in-8. *Paris*, 1868.

PROJET DE LOI présenté à la Chambre des députés, portant fixation du budget général de l'exercice 1881.   In-4to de 1750 pages.   *Paris.*

RAPPORT à M. le président de la République sur les caisses d'Epargne, 1877.   In-4to.   *Paris.*

RAPPORT sur les progrès de l'hygiène navale, par M. le Roy de Méricourt.   Gd. in-8.   *Paris,* 1867.

RAPPORT sur les progrès de la médecine en France, par MM. Béclard et Axenfeld.   Gd. in-8.   *Paris,* 1867.

RAPPORT sur les progrès de la Thermodynamique en France.   Par Par M. Bertin.   Gd. in-8.   *Paris,* 1867.

RAPPORT sur les progrès de la stratographie, par Elie de Beaumont.   Gd. in-8.   *Paris,* 1839,

RECUEIL DE RAPPORTS sur les progrès des lettres et des sciences en France

STATISTIQUE des pêches maritimes, 1878.   Gd. in-8.   *Paris,* 1870.

TABLEAU GÉNÉRAL des mouvements du cabotage pendant l'année 1878.   In-4to.   *Paris.*

TABLEAU GÉNÉRAL du commerce de la France avec ses colonies. et les puissances étrangères, pendant l'année 1878.   Gd. in-4to   *Paris.*

DROIT ROMAIN.—ROMAN LAW.

Didier Pailhé (E.)   Cours élémentaire de Droit Romain   In-8. *Paris,* 1878.

Mackenzie (Lord).   Studies in roman law, with comparative views of the laws of France, England and Scotland 4th edition.   Edited by John Kirkpatrick.   In-8. *London,* 1876.

ECONOMIE POLITIQUE, ECONOMIE SOCIALE ET COMMERCE.

POLITICAL ECONOMY, SOCIAL ECONOMY AND COMMERCE.

Alden (Joseph). First principles of political economy. In-32. *Syracuse*, 1879.

ANNALES DU COMMERCE EXTÉRIEUR. Publication mensuelle du ministre de l'Agriculture et du Commerce. In-8 royal. *Paris*, 1879, 1880.

ANNUAIRE de l'économie politique et de la statistique, 1876, 77, 78 et 79. 4 vols, in-32. *Paris*.

ANNUAL REPORT of the Catholic male institution for the Deaf and Dumb of the Province of Quebec, 1878. (28 pages). In-8. *Mile-End*, 1879.

ASSOCIATION des Libraires, Éditeurs, Imprimeurs et Relieurs de la province de Québec. — Réponse au dernier rapport de l'Hon. Surintendant de l'Instruction publique de la province de Québec. (14 pages). Gd. in-12, 1879. B. C. Vol. 210.

Babault (C.) La chirurgie du foyer. (84 vignettes). In-18. *Paris*, 1877.

Baillairgé (Chs.) The Municipal situation. (34 pages). 8vo. *Québec*, 1878. B. C. Vol. 200.

Balcer (George). The city of Three-Rivers as a Sea-port and her New-York rail-road. In-8. *Three-Rivers*, 1880. (With a chart). (67 pages).

Baudrillard (H) Economie politique populaire. In-18- *Paris*, 1869.

Baynes (G. A.) Disposal of the dead : by land, by water or by fires, which? Being the last lecture of the course on hygiene and public health, delivered to the theological classes in the session of 1874–75. (McGill University). In-12. *Montreal*, 1875. (25 pages). B. C. Vol. 200.

Béchard (Auguste). H stoire de la Banque Nationale. (111 pages). 8vo. *Québec*, 1878. B. C. Vol. 171.

Bonham (Hon. J. Ellis). Remarks on the bank question, together with governor Bigler's veto on the bank bills, and the debate on the same. (42 pages). In-8. *Harrisbourg*. Br. Aug. Vol. 7.

Brown (Wm.) Silver in its relation to industry and trade : the danger of the demonetizing it. The United-States monetary commission of 1876. Review of professor Brown's monetary report. In-8. *Montreal*, 1880.

Carrier (L. N.) Les institutions de Crédit-foncier. Quelques notes sur leur but. leur organisation et leur origine. (Extrait du *Canadien*). In-32. *Québec*, 1880. B. C. Vol. 208.

City Treasurer's Accounts balance sheets and statements of the Corporation of Quebec and Quebec Water Works, for the years 1876–77, 1877–78, 1878–79. 3 pamph. In-8. *Quebec*.

Colin (Rév. M. P. S. S.) Discours sur l'ouvrier, prononcé à l'Institut des artisans Canadiens, le 2 avril 1869. In-32. *Montréal*, 1869. B. C. Vol. 209

Comptes et États du trésorier de la Cité et autres documents de la Corporation de Québec et de l'Aqueduc, pour les années 1867-1868, 1868 69, 1870-71, 1876 77, 1877-78, 1878-79, 1879-80. 12 brs. In-8 *Québec.*

Conseil Municipal de la cité de Montréal. Rapports annuels. Discours d'inauguration du maire. Reliés en 1 vol. in-8. *Montréal*, 1880.

Constitution et code de réglements du Club Canadien. Patron, Joseph Cauchon, écuier, M. P. P. In-8. *Québec*, 1853. (8 pages) B C. Vol. 204.

CONSTITUTION, règles et réglements de l'Union Commerciale de Québec, fondée le 29 avril 1874. In-18. *Québec*, 1877. (21 pages).

CONSTITUTION et réglements de l'Institut Catholique de St-Roch de Québec. In-8. *Québec*, 1852. (6 pages).

CONSTITUTION de l'Académie de Musique de Québec. (10 pages, in-12). B. C. Vol. 210.

CONSTITUTION et réglement de l'Union St. Joseph, à St-Sauveur de Québec, fondée le 10 février 1865. In-32. *Québec*, 1855. B. C. Vol. 207.

CORPORATION DE LA CITÉ DE MONTRÉAL. Rapports des chefs des Départements pour les années 1876, 77, 78. 3 vols in-8., *Montréal*.

Cunningham (David). Conditions of social well-being, or inquiries into the material and moral position of the populations of Europe and America, with particular reference to those of Great Britain and Ireland. 8vo. *London*, 1878.

De Cazes (Paul). Notes sur le Canada. Nouvelle édition. In-8. *Québec*, 1880.

DEVOIRS DU CITOYEN. Discours prononcés à la distribution des prix du Séminaire de St-Hyacinthe. B. C. Vol. 211.

DOCUMENTS PARLEMENTAIRES. Banques et finances, 1852–61. Réunis en un volume.

Dubost (P. C) et **Pacout** (C) Comptabilité de la ferme. In-12. *Paris*, 1872.

ÉCOLE DE RÉFORME à Montréal. Rapport des Directeurs, 1874. G.l. in-8. *Québec*. (31 pages). B. C. Vol. 196.

Fabre (J. Henri). Le ménage. Causerie d'Aurore avec ses nièces sur l'économie domestique. In-12. *Paris*, 1874.

Fauconnier (E.) Protection et libre échange. In-8 jésus. *Paris*, 1879.

Fournier (Jules). Les assurances au Canada. Projet d'agence d'une compagnie française d'assurance contre l'incendie, sur la vie et contre les risques maritimes. In-8. *Montréal*, 1865. (47 pages). B. C. Vol. 200.

France (la) et le Canada français. Discours prononcés au banquet donné le 18 novembre 1880, par les citoyens de Montréal. MM Thors, de Molinari et de Lalonde, délégués français. In-8. *Montréal*, 1880. (62 pages). B. C. Vol. 202.

Hincks (Sir Francis). Manchester Statistical Society. Remarks on curren y and banking. (6 pages). 8vo. *Salford* B. C. Vol. 198.

Howard Association Report, 1878. (24 pages). 8vo. *London*. E. C. 1879. Countries where capital punishment has been abolished or discontinued. (4 pages). In-12. (Issued by the Howard Association). B. Aug. vol. 8.

Institut Canadien de Québec. Acte d'incorporation, réglements du bureau de direction et catalogue. In.-18. *Québec*, 1870. (45 pages.) B. C. Vol. 210.

Institut Catholique de St-Roch de Québec. Constitution et réglements. (8 pages). 8vo. *Québec*, 1852. B. C. Vol. 197.

Institut Commercial St-Louis, fondé le 9 mars 1880. Constitution. In-12. *Québec*, 1880. B. C. Vol. 207.

Instructions for extinguishing fires in the different wards of the city. In. 8. (15 pages). *Quebec*, 1857. B. C. Vol. 195.

Jannet (Claudio). Les sociétés secrètes. 2e édition. In-12. *Paris*, 1877.

Josseau (J. R) Traité du Crédit-foncier, suivi d'un traité du crédit-agricole et du crédit foncier colonial, contenant l'explication de la législation, le texte des décrets, lois, statuts, etc., etc. 2 édition. 2 vols. *Paris*, 1872.

Jourdan (Alfred). Épargne et capital, ou du meilleur emploi de la richesse. Exposé des principes fondamentaux de l'économie politique. (Ouvrage couronné par l'Institut.) In-8. *Aix*, 1879.

LA QUESTION DES FABRIQUES, par Un ami de l'Ordre. Br. in 8. (17 pages)

Laramée (J. A.) Société de tempérance de l'Eglise St-Pierre de Montréal, 1877-78. Lecture sur l'alcoolisme. In-18. (66 pages). *Montréal.*

Laveleye (Em. de). Le protestantisme et le catholiscisme dans leurs rapports avec la liberté et la prospérité des peuples. Etude d'économie sociale. (Extrait de la Revue de Belgique.) In-12 (30 pages). *Montréal,* 1876.

LePlay (F.) Les ouvriers Européens. 2 édition, 5 vols. Gd. in-8, 1879:

> Vol. 1. — La méthode d'observation appliquée, de 1829 à 1879, a l'étude des familles ouvrières.

> Vol. 2. Les ouvriers du Nord.

> Vol. 4. — Les ouvriers de l'Orient.

> Vol. 4 et 5 — Les ouvriers de l'Occident.

LeRoy-Beaulieu (Paul). Traité de'la science des finances. 2e édition. 2 vols. in-8. *Paris,* 1879.

LUMBER TRADE (the) of the Ottawa valley, with a description of some of the principal manufacturing establishments. 4th edition. In-8. (60 pages). *Ottawa,* 1872. B. C. Vol. 189.

Marsden (W., M. D.) Marine and Emigrant hospital, Quebec. Facts and observations connected with the mangement of —— (31 pages). 8vo. *Québec,* 1832. B. C. Vol. 202

Meagher (Thos. F.) The commercial agency "system" of the United States and Canada exposed. Is the secret inquisition curse or benefit? In-8. *New York,* 1876.

Millet-Robinet (Mme.) Maison Rustique des dames. 10 édition.

—————————— Maison rustique des dames. 16 édition. 2 vol. in-18, (avec gravures). *Paris.*

·————————————— Economie domestique. 4e édition. In-18. *Paris.*

Mongredien (Augustus). Free trade and english commerce. 4th edition. In-32. *London.* 1879.

Montréal (cité de). Rapports annuels. Rapport pour l'année 1878.

Rapport du trésorier.

Rapport de l'auditeur.

Rapport de l'inspecteur de la cité.

Rapport du surintendant de l'Aqueduc.

Rapport de l'ingénieur en chef du département du feu.

Rapport du surintendant du télégraphe d'alarme.

Rapport de l'inspecteur des bâtiments.

Rapport du chef de police.

Rapport de l'état sanitaire de la cité.

Discours d'inauguration du maire. Reliés en 1 vol. In-8. 1879.

Mony (S). Etude sur le travail. In-8. *Paris*, 1877.

Myrand (Ernest). La société Saint-Vincent de Paul. Statistique universelle de ses aumônes. Etude. In-8. *Québec*, 1880. (35 pages). B. C. Vol. 214.

Navigation Intérieure. Voir : *Droit françis, documents officiels.*

Noël (Octave). Autour du Foyer. Causeries économiques et morales. In-12. *Paris*, 1877.

Paquin (le Rév. Père L. P.) Conférence sur les propriétés délé-tères des liqueurs spiritueuses, donnée à St Sauveur de Québec. In-18. (39 pages.) *Québec*, 1879.

Pénitentiaires. Régime des établissements pénitentiaires. En-quête parlementaire. Déposition de M. Stevens.— Rapport de M. Charles Lucas à l'Académie des Sci-ences morales et politiques. In-12. *Buxelles*, 1875.

Poisson-Grandval (M). Qu'est-ce qu'un franc-maçon ? Réponse pièces en mains. In-32. *Paris*, 1875.

Price (Bonamy). Chapter on practical political economy, being the substance of lectures delivered in the University of Oxford. In-12. *London*, 1878.

Proceedings of the Royal Colonial Institute. (1878-79). (1879-80). Vols. 10th and 11th. 2 Vols. In-8. *London*, 1879.

Proceedings at the sixth annual meeting of the Dominion board of trade, held at Ottawa, 18th, 19th, 20th and 21st January, 1876. In-8. *Montréal*, 1876.

Proceedings at the seventh annual meeting of the Dominion board of trade, held at Ottawa, on 17th, 18th and 19th January, 1877. In-8. *Montreal*, 1877.

Protection. La protection doit nous sauver. (28 pages.) 8vo. *Montréal*, 1878. B. C. Vol. 173.

Quebec Board of Trade. Acts of Incorporation and By-Laws. (23 pages) 8vo. *Quebec*, 1876. B. C. Vol. 211.

Quinn (Wm.) Rapport sur le commerce de bois. Rédigé d'après des renseignemants que l'auteur a recueillis dans le cours d'un voyage en Europe. In-8. *Québec*, 1861. (66 pages.) B. C. Vol. 184.

Rapport annuel de l'Institution Catholique des Sourds-Muets, pour la province de Québec, 1878. Br. in-8. *Mile-End*, 1879.

Rapport du surintendant des assurances du Canada, pour l'année 1878. In-8. *Ottawa*, 1879.

Rapport du ministre de la justice sur les pénitenciers du Canada, pour 1879. In-8. *Ottawa*.

Rapports des banques incorporées, tels que soumis au parlement pour l'année 1880. In-8. *Ottawa*.

Rapports. Statistiques des chemins de fer du Canada, etc., (1878-79). In-8.

Réglements de la société Typographique de Québec, fondée le 10 août, 1855 (84 pages). In-12. *Québec*, 1861. B. C. Vol. 205.

Réglements pour la gouverne de la force de police de la cité de Québec, etc. In-32. *Québec*, 1863. B. C. Vol. 207.

Règles de la société Ecclésiastique de Saint Michel. (Circulaire). 12 septembre 1866. *Québec.* B. C. Vol. 197.

Règles de la bienséance et de la civilité chrétienne, divisées en deux parties. In-12. *Montréal.* (48 pages). B. C. Vol. 208.

Règles et Réglements du Cimetière Saint-Charles de Saint-Roch de Québec. In-32. (12 pages;. *Québec,* 1857.

Relatonio da C..mmissao central Brazileira de permutacoes internacionaes. Br. in-4to. (33 pages). *Rio de Janeiro,* 1880.

Report of the Superintendant of Insurance, for 1879. In 8. *Ottawa.*

Report of the New-York produce Exchange, for the year 1879, with the Charter, by-laws, &c. In-8. *New-York,* 1880

Report (annual) of the Mayor of the City of Quebec to the members of the City Council, 1863. Br. in-3. (15 pages). B. C. Vol. B.

Report of the Inspector of insurance, of Ontario, 1830. Br. in-8 *Toronto,* 1880.

Returns from chartered banks, for the year 1830. In-8. *Ottawa.*

Roscher (Wm.) Principles of political economy. Translated by John J. Lalor. 2 vols. 8vo. *Chicago,* 1378.

Rougier (J. C. Paul). La liberté commerciale, les douanes et les traités de commerce. In-8. *Paris.*

Rousseau (Rodolphe). Des sociétés commerciales françaises et étrangeres; suivi d'un exposé des droits de timbres et d'enrégistrement applicables aux sociétes commerciales, etc. 2 vols. in-8. *Paris,* 1878.

Ruttan's Ventilation and warming; or how to make home healty. (60 pages). 8vo. *Peterborough,* Ont. 1870. B. C. Vol. 179.

Schehyn (Joseph). Address delivered at the meeting of the board of Trade, held on February, 4th 1880. In-8. *Quebec,* 1880. (76 pages). B. C. Vol. 197.

Shwartz (W. A.) Record of exports of lumber, &c, of the port of Quebec, from the year 1815 up to date (879). Compiled by ———— Une feuille.

SITUATION FINANCIÈRE des Communes en 1879 (La). Voir: *Histoire de France*. Documents parlementaires.

SOCIÉTÉ DE SAINT-VINCENT DE PAUL. Recueil de la correspondance des conférences du Canada avec le Conseil Général de Paris et des rapports des assemblées générales. In-12. *Québec*, 1867.

SOCIÉTÉ DE CONSTRUCTION permanente de Québec (la), fondée en 1856. (42 pages). In-18. *Québec*, 1866. B. C. Vol. 218.

STATEMENTS relating to the Home and Foreign trade of the Dominion of Canada : also, annual report of the commerce of Montreal for 1877, by Wm. J. Patterson, secretary of the Board of trade. Pamphlet in 8. *Montréal*, 1878.

STATISTIQUE des pêches maritimes, 1878. Gd. in-8. *Paris*, 1879.

Stevens (J.) Les prisons cellulaires en Belgique. Leur hygiène physique et morale. In-8 jés s. *Bruxelles*, 1878

TABLEAUX du commerce et de la navigation du Canada, pour l'exercice finissant le 30 juin 1879, compilés d'après les rapports officiels. In-8. *Ottawa*, 1880 et pour l'exercice finissant le 30 juin 1880. In-8. *Ottawa*, 1881.

TABLES of the trade and navigation of the Dominion of Canada, for the fiscal year ending, 30th June, 1879. Compiled from official returns. and for the year ending 30th June, 1880. In-8. *Ottawa*, 1881.

TARIF approuvé par Mgr l'Archevêque de Québec, pour la fabrique de St-Roch de Québec. (12 pages). In-8. *Québec*, 1878. B. C. Vol. 182

Thomson (J. Thurnbull). Social problems. An inquiry into the law of influences. In-8 *London*, 1878.

Tilly (Hon.). The Lumber Trade of of the Ottawa Valley. (60 pages). 8vo. *Ottawa*, 1872. B C. Vol. 189.

TRAITÉS des commerce et de navigation entre la Grande-Bretagne et les puissances étrangères. In-8. *Ottawa*.

TRANSACTIONS of the National Association for the promotion of Social Science (Cheltenham meeting, 1878). In-8. *London*, 1879.

TRANSACTIONS of the National Association for the promotion of Social Science (Manchester meeting, 1879). In-8. *London*, 1880.

Trudel (Hon. F. X. A.) La tempérance au point de vue social. B. C. Vol. 195.

UNION-ALLET. Constitution, réglements, officiers en charge. In-32. *Montréal*, 1872. (22 pages). B. C. Vol. 208.

UNION COMMERCIALE de Québec. Constitution, règles et réglements. (21 pages). In-12. *Québec*, 1877. B. C. Vol. 206.

UNIVERSITÉ LAVAL. Constitution et règlements. Vide: *Education*.

Vézina (François). Récit historique de la progression financière de la Caisse d'Economie de Notre-Dame de Québec. In-8. (82 pages). *Québec*, 1878. B C. Vol. 193.

EDUCATION.

ACADÉMIE COMMERCIALE Catholique de Montréal. Année académique 1876–77. In-8. *Montréal*, 1877.

A CHART AND KEY of the educational system of the State of Michigan. Compiled by D. C. Jacokes. Br. in-8, 1886.

ACTES D'ÉDUCATION élémentaire et pour l'établissement d'écoles normales, suivis des circulaires y relatives No. 12 et 15, et des instructions et tableaux du Surintendant de l'éducation pour le Bas-Canada. (78 pages). 8vo. *Québec*, 1852. B. C. Vol. 179.

ANNUAIRE du Séminaire St-Charles-Borromée, Sherbrooke. Année académique 1875–76, (No. 1). In-12. *Sherbrooke*, 1876. (30 pages).

ANNUAIRE de l'Université Laval, pour l'année académique 1856–57, (No. 1). Br. in-8. *Québec*, 1856.

ANNUAIRE de l'Université Laval pour l'année académique 1879–80. In-8. (145 pages). *Québec*, 1879.

ANNUAL REPORT of the Minister of Education (Ontario), on the
public, separate, and high schools, for the year 1878.
In-8. *Toronto*, 1880.

ANNUAL CALENDAR of McGill College and University. Vide : *Science
Médicale.*

Bibaud. Le mémorial des viscissitudes et des progrès de la
langue française en Canada. In-12. (128 pages).
Montréal, 1879.

BOOK DEPOSITORY and School furnitures. Extract of the general
catalogue. B. C. Vol. 195.

Bruno (G.) Francinet. Livre de lecture courante. Notions élémentaires sur la morale, l'industrie, le commerce et
l'agriculture. Ouvrage couronné par l'académie.
14e édition. In-18. *Paris*, 1878.

————— Le tour de la France, par deux enfants. Devoir et
Patrie. Livre de lecture courante, avec 200 gravures. 13e édition. In-18. *Paris*, 1878.

CALENDAR (the) of the Presbyterian College, Montreal, for the session 1880–81. In-12. *Montreal*, 1880. (81 pages).

Caron (l'abbé N.) Petit vocabulaire à l'usage des Canadiens-
français, contenant les mots dont il faut répandre
l'usage, et signalant les barbarismes qu'il faut éviter,
pour bien parler notre langue. In-8. *Trois-Rivières*,
1880. (63 pages.)

CATALOGUE des officiers et des élèves du séminaire de Québec, 1848-
49 à 1855-56. 8 Brs. in-12. *Québec*, B. C. Vol. 208.

Chabert (E. A.) Leçons de grammaire française. 3e édition. In-18.
Paris.

————— Cours pratique de l'instituteur et de l'institutrice,
ou livre du maitre contenant des dictées expliquées
et analysées. 2 vols in-18. *Paris*, 1878.

CIRCULAIRE du Département de l'Instruction Publique. Aux Inspecteurs. (32 pages). 8vo. B. C. Vol. 174.

CIRCULAIRE du Surintendant de l'Instruction Publique à Messieurs les Commissaires et Syndics d'écoles. 10
mars 1877. B. C. Vol. 174.

Collège de St-Césaire. Distribution solennelle des prix, le 30 juin 1874. (28 pages).

Collège Ste-Marie, Montréal. Année académique 1871-72. In-°. Montreal, 1872 (49 pages).

Collège de St-Laurent. Palmarès, le 7 juillet, 1869. In-8. Montréal, 1869 (27 pages).

———————————— Distribution solennelle des prix, le 30 juin 1874 et le 26 juin 1876   2 br. in-8 Montréal.

College of Ottawa. Prospectus and course of studies. (19 pages). 8vo. Ottawa. B. C. Vol. 171.

Constitutions et Réglements de l'Université Laval. 4e édition. In-8. Québec, 1879.

Courtenay's dictionary of three thousands abbreviations, literary, scientific, commercial, naval, legal, &c. In-32 New-York.

Deaf and Dumb. Annual report of the Catholic male institution of the Province of Quebec, for 1878. (32 pages). 8vo. Mile-End. B C. Vol. 179.

———————— Annual report of the Catholic male institution (of). (29 pages). 8vo., 1879. B. C. Vol. 191.

Département de l'Instruction Publique. Dépôt de livres et autres fournitures d'écoles. Extrait du catalogue général. (13 pages). In-12. Québec, 1879. B. C. Vol 190.

———————————————— Catalogue du dépôt de livres et autres fournitures d'école. (55 pages). 8vo. Québec, 1877. B. C. Vol. 174.

Dépôt (le) de livres et la pétition des libraires, par trois maîtres d'écoles. Br. in-8. (19 pages), 1879. B. C. Vol. 184.

Dupanloup (Mgr.) Lettres sur l'éducation des filles et sur les études qui conviennent aux femmes dans le monde. 2e édition. In-18. Paris, 1879.

École Primaire (L'). Journal d'éducation et d'instruction. ('ère année). Gd. in-8. Lévis, 1880. Parait le 1er et le 15 de chaque mois. A été remplacé par l'Enseigne ment Primaire. J. B. Cloutier, rédacteur.

EDUCATION and Scientific Institutions. Voir: Report of the Minister of Agriculture, 1867. Printed 1869.

ENSEIGNEMENT PRIMAIRE (L'). Journal d'éducation et d'instruction, paraissant le 1er et le 15 de chaque mois, les vacances exceptées. J. B. Cloutier, rédacteur. Depuis le No. 1 janvier 1881. Format in-8 royal. *Québec.*

EXAMEN DU FACTUM de l'Université Laval. Gd. in-8. (4 pages).

Garnier-Gentilhomme Mme. Cours complet d'enseignement à l'usage des maisons d'éducation, des mères de familles et des institutrices. Enseignement primaire. 1re e, 2e et 3e années. 3 vols. 8vo. (2e édition). *Paris,* 1878.

Haskins (Rev. P. G.) The religious education of children in New England. In-18. (24 pages). *Boston,* 1872.

JOURNAL DE L'ÉDUCATION. Paraissant tous les mois. Vol. I. No. 1. le 1er janvier 1880. In-4to. *Montréal.*

JOURNAL GÉNÉRAL de l'Instruction Publique. Enseignement supérieur, enseignement secondaire, enseignement primaire. Revue hebdomadaire. Lettres, sciences, beaux-arts. Actes et documents officiels. 41e année. In-..., 1879.

Juneau (F. E.) Le livret des écoles ou petites leçons de choses. In-32. *Québec,* 187...

Langevin (Révd. Jean). Answer to the programmes on teaching and agriculture, for elementary school, model school and academy diplomas. (50 pages). In-8. *Quebec,* 1874. B. C. Vol 179.

Laveleye (Emile de). L'Intruction du peuple. In-8. *Paris,* 1872.

LA VRAIE POLITESSE et le bon ton. In-32. *Montréal,* 1873.

Ledoux (B.) Méthode simplifiée pour apprendre soi-même la tachygraphie. 2e édition. In-8. *Paris.* 1807.

Legouvé (Ernest). L'art de la lecture. 23e édition. In-8. *Paris.*

Leroy (P.) Etude du latin. Thèmes, règles et vie d'Agésilas. Nouvelle métho le pour apprendre le latin en peu de temps. In-32 *Québec*, 1874. B. C. Vol. 209.

Liste des livres approuvés par le conseil de l'instruction publique depuis sa formation jusqu'à ce jour. (8 pages). In-18. B C. Vol. 180.

Lois sur l'Instruction publique dans la Province de Québec. (172 pages). 8vo. *Québec*, 1876 B. C. Vol. 170.

Lois sur l'Instruction publique dans la Province de Québec mises en demandes et réponses. (116 pages). 8vo. *Québec*, 1877. B. C. Vol. 173.

Maguire (l'abbé). Manuel des difficultés les plus communes de la langue française, adapté au jeune âge et suivi d'un recueil de locutions vicieuses. In-18 *Québec*. 1841.

Mansfield (Edward D) American education, its principles and elements. In-12. *New-York*, 1877.

Mariotti (B.) Conférences de pédagogie. Manuel des élèves-maîtres et des instituteurs. 3e édition. In-18. *Paris*, 1877.

Mayhew (Tra) The means and ends of universal education. In-12. *New-York*.

Meilleur (J. B) Nouvelle Grammaire Anglaise, en deux parties, suivies d'une série de thèmes. 2e édition. In-12° *Montréal*, 1854.

Mercier (Honoré). Lecture sur l'instruction obligatoire, donnée à une des séances du Club National à Montréal, le 20 août 1876. (Extrait de l'*Eclaireur*, 1879.) Vol. 183.

Ministère ed l'Instruction Publique (France). Statistique de l'enseignement supérieur. Enseignements, examens, grades, recettes et dépenses, en 1876 Actes administratifs jusqu'en août 1878. In-4to. *Paris*, 1878.

Ministère de l'Instruction Publique des Cultes et des Beaux-arts. (France). Statistique de l'enseignement prima re, 1876–77. In-4to. *Paris*. 1878. Statistique de l'en-

seignement secondaire en 1876. In-4to. *Paris,*
1878. Rapport sur l'enseignement supérieur, 1878
In-4to. *Paris.*

MISSOURI. Report to H. E. the Governor. The 38th Annual
catalogue of the Missouri University at Columbia,
1878-1880. Founded, 1820. Organized, 1860. In-8.
Jefferson City.

NEW YORK STATE LIBRARY. Voir : New-York.

OBSERVATIONS sur l'assemblée tenue à Montréal pour former une
association dans le but de protéger les intérêts des
protestants dans l'instruction publique. (Reproduit du
Journal de l'Instruction Publique. In-8. *Montréal,*
1865.) (40 pages). B. C. Vol. 204.

Paquin (R. P. L P.) Conférences sur l'instruction obligatoire.
In-32. *Québec,* 1880.

PÉDAGOGIE. Définition de la pédagogie ; fondements de cette
science. Son but, sa division. In-18. *Québec,* 1877.
(28 pages).

PETIT SÉMINAIRE de Sainte-Thérèse. Années scholaires de 1873-
74 de 1875-76, de 1876-77, et de 1877-1878. 4 brs.
in-8. *Montréal.*

PHILOBIBLIUS. History and progress of education, from the earliest
times to the present, with an introduction, by Henry
Barnard. In-12. *New-York.*

Pichard (H. E) Nouveau code de l'instruction primaire, re-
cueilli, mis en ordre et annoté par ————— 7e
édition. In-32. *Paris,* 1878.

PROSPECTUS du nouveau cours commercial du collège Masson. In-8.
Montréal, 1867. (25 pages). B. C. Vol. 202.

RAPPORT du Surintendant de l'Instruction Publique, pour les années 1877-78 et 1878-79 2 vols. in-8. *Québec,* 1879.

Raymond (G. S.) Entretien sur les études classiques. (33 pages).
8vo. *Montréal,* 1872. B. C. Vol. 197.

Rendu, fils (Ambroise). Cours de pédagogie ou principes d'éducation publique, à l'usage des élèves des écoles normales et des instituteurs primaires. In-18. *Paris.*

REPORT of the Minister of Education for the province of Ontario, on the public (including separate) and High schools, &c., &c for 1879. In-8 Toronto, 1881.

REPORT (special) of the Minister of Education on the Mechanics' Institutes (Ontario). In-8 Toronto, 1881.

REPORT of the superintendant of education of the Province of Quebec, for the year 1377-78. In-8. Québec, 1879.

REPORT of the superintendent of public instruction of the Province of Quebec for 1878-79. In-8. Quebec. 1879.

Reticius (le frère) Réponse aux cinq lettres du R. M. Ver- rean. In-8. (76 pages). (Publié sans nom d'auteur). B. C. Vol. 216.

Rodenbach (Alexandre) Coup d'œil d'un aveugle sur les sourds- muets. In-8 Bruxelles. 1829.

SOURDS MUETS. Rapport annuel d l'institution catholique pour la Province de Québec pour 1878, (31 pages) 8vo. Mile End, 1879. B. C. Vol 179.

St. Hilaire (Michel) Réponse à un sophiste au sujet de la ques- tion universitaire à Montréal. (22 pages). 8vo. Montréal, 1879. B. C. Vol. 172.

Tardivel (J. P.) L'anglicisme, voilà l'ennemi. Causerie faite au cercle catholique de Québec, le 17 déc, 1879. In-12. (28 pages). Quebec, 1830.

Taschereau (Mgr) Mandement promulguant la bulle Inter varias sollicitudines qui érige canoniquement l'Université- Laval. Petit in.-4to. Québec, 1876.

THE LAWS relating to Parish Schools in New Brunswick. together with the rules and regulations made by the provin- cial board of education. (32 pages). 8vo. Fredericton. B. C. Vol. 197.

THÈSES de mathématique qui seront soutenues, etc., etc. Vide: MATHÉMATIQUE.

TRAITÉ D'ÉLOCUTION indiquant les moyens d'obtenir une bonne émission de voix, de corriger tous les accents vicieux, tous les accents étrangers. In-8. Montréal. 1870. (50 pages).

TRAITÉ élémentaire de calcul différentiel et de calcul intégral. In-8. *Québec*, 1868. (Attribué à l'abbé Jean Langevin).

UNIVERSITÉ LAVAL· Voir *Taschereau*.

UNIVERSITÉ LAVAL. Constitutions et règ'ements. Annuaires. Nos. 1 à 24. (1856-1880). Reliés en 4 vol-. In-8.

——————— Mémoire de pièces justificatives. Voir : *Histoire, Mémoires. (Canada*.

——————— Documents relatifs à son érection canonique. Voir : *Histoire :* Canada

——————— Examen du f ctum de l'—— (4 pages). In-8. Petit texte. B. C. Vol. 212.

UNIVERSITÉ-LAVAL à Montréal. Clôture de l'année académique 1878-1879. In-8. (56 pages). *Montréal*, 1879.

UNIVERSITY of the State of New-York. Voir : *New York*.

UNIVERSITY of Sydney, report for 1878 Folio.

UNIVERSITY OF MICHIGAN. Voir : *Droit Américain* : Michigan.

ENCYCLOPÉDIES, JOURNAUX, REVUES, PUBLICATIONS PÉRIODIQUES.

—

ENCYCLOPŒDIAS, NEWSPAPERS, PERIODICALS.

ABEILLE MÉDICALE (L') Vide : *Science Médicale*.

ACADÉMIE Commerciale catholique de Montréal. **Année académique** 1876-77. Vide : *Education*.

ALBUM DES FAMILLES (L') Revue mensuelle illustrée. (Suite du Foyer domestique). In-4to. *Ottawa*, 1880.

ALMANAC. The Canadian Almanac and Repository of useful knowledge for the years 1858, 1859, 1860, 1862. 1868, 1868, 1872, 1873 and 1881.   8 vols. in-8.   *Toronto.*

ALMANAC. Starke's pocket almanac and general register for 1868, 1870, 1871, 1872, 1874, 1878, 188) et 1881.   8 vols. in-12.   *Montreal.*

ALMANAC. The illustrated annual register of rural affairs and cultivator almanac, for the year 1881.   With 140 engravings. By J. J. Thomas.   In-12.   *Albany*, 1881.

ALMANAC. The Quebec almanac, and British American royal kalendar, for 1838.   In-32.   *Quebec.*

ALMANAC. Walch's Tasmanian Almanac for 1881.   In-18.   *Tasmanie.*

ALMANAC. The British North American Almanac and annual record for the year 1866 Edited by Jos. Kirby. Vol. 1. In 8 *Montreal.*

ALMANAC. McMillan's New-Brunswick almanac and register for 1869.   In-12.   *Saint-John*, 1869.   Voir : *Yearbook.*

ALMANAC. The Lower Canada Almanac and Montreal Commercial Directory for 1840 being bisextile, or leap-year. etc. *Montreal.*

ALMANAC. The financial reform almanach for 1880. A vade mecums for fiscal reformers, free traders, politicians, writers &c.   In 8.   *London*, 1880.

ALMANAC. Thom's Irish almanac and official directory of the United Kingdom of Great Britain and Ireland for 1879 In-8.   *Dublin.*

ALMANACH contenant une liste alphabétique des cités, des villes, villages, paroisses et cantons de la province de Québec, ainsi que le nom des comtés, districts et diocèses dans lesquels ils sont situés ; un tableau des divisions d'enregistrement, les noms des régistrateurs, les chefs-lieux, etc., etc., compilé par E. C. Glackmeyer, In-8. (49 pages).   *Lévis*, 1880.

ALMANACH. The financial reform almanach, year 1881.   In-8. *London*, 1881.

ALMANACH   for the year of our Lord 1881, by Joseph Whitaker.
In-18. *London.*

ALMANACH   agricole, commercial et historique de J. B. Rolland et
Fils, pour l'année 1879 (13e année). In-18. *Montréal.*

AMERICAN AGRICULTURIST   (the) for the farm, garden and household
(1880). 1 vol. gr. in-4to. *New-York.*

AMERICAN JOURNAL OF SCIENCE,   (The). Third series. Vol. XIX and
XX (1879 and 1880). 2 vols. In-8. *New Haven.*

AMERICAN MACHINIST.   A journal for machinist, engineers, founders,
boiler-makers, pattern-makers and blacksmiths, vol. 4.
(1881). In-folio. *New-York.*

ANNALES de la Propagation de la foi.   Voir : *Religion.*

ANNUAIRE.   Grand annuaire de Québec pour 1881.   Publié par
Ovide Fréchette.   In-8. *Québec,* 1881.

ANNUAIRE de l'Université-Laval.   Vide : *Education.*

ANNUAIRE No. 3 du Cercle Catholique de Québec.   Voir : *Actes et
délibérations.*

ANNUAIRE du Séminaire St-Charles Borromée.   Vide : *Education.*

ANNUAIRE de l'Institut Canadien de Québec, 1879.   (No. 6).   In-8.
Québec.

ANNUAIRE de l'Institut Canadien de Québec, 1880.   Sommaire :
Première administration de Frontenac par T. P.
Bédard.

La charité catholique à Québec, par E. Myrand.

L'Eglise, le progrès et la civilisation, par l'abbé
Bégin.

Adresse à Mgr Cazeau. Réponse. Appendice. In-8.
Québec, 1880.

ANNUAIRE STATISTIQUE.   1ère année. 1878. Royal, 8vo. *Paris.*

ANNUAL CALENDAR of McGill College and university.   Vide : *Science
Médicale.*

ANNUAL REGISTER (The).   Voir : *Histoire Universelle.*

ARTISTE (L'). Revue de Paris. Histoire de l'art contemporain. (1879-1880). (51e et 52e années.) 4 vol. gr-l. in-8. Paris.

BIBLIOGRAPHIE CATHOLIQUE. Vide : Bibliographie.

GAZETTE. The British Columbia Gazette. (Col. Britannique.) (published by authority) (since vol. XIII, No. 32) 1873. In-4to royal. Victoria.

BULLETIN de la société de géographie. Année 1880. In-8. Paris.

BYSTANDER (The). A monthly review of current events, canadian and general. In-8. Toronto, 1880.

CANADA GAZETTE, 1880. In-4to. Ottawa.

CANADA LAW JOURNAL, (The). Vide : Droit Canadien.

CANADA (Le), Suite de la Gazette d'Ottawa, à partir du No. 254 (20 oct. 1878).

CANADIAN AGRICULTURIST (The). Voir : Agriculture.

CANADIAN EMANCIPATION. A monthly review devoted to Canadian emancipation and commercial union with the United States. No. 1. 2. 3. 4. In-8. Montreal, 1880.

CANADIAN ILLUSTRATED NEWS. (Vol. 21 and 22) 2 in-fol. Montreal, 1880.

CANADIAN MILITARY REVIEW, (The). Revue militaire canadienne. In-4to. Quebec, Kingston, 1880-1881 (first year of publication)

CANADIAN MONTHLY and national review. Vols. 4 and 5 (1879-1880) 2 vols. In-8. Toronto.

CANADIAN NATURALIST, (The). and quarterly journal of science, with the proceedings of the natural history society of Montreal. Nos. 1 to 7 of vol. IX. (1879-80). In-8. Montreal.

CANADIAN PARLIAMENTARY COMPANION, and annual register (1877, 1878. 1879 and 1880. Edited by C. H. Mackintosh. 4 vols. in-18. Ottawa.

CANADIAN PARLIAMENTARY COMPANION, (the). Edited by Henry J. Morgan, 1862 (first year). In-32. Québec. 1864. Montreal, 1871, 1878, 74, 75, 76. Ottawa, 7 vols. In-32.

CANADIAN PATENT OFFICE RECORD, (The). Vol. VIII. (1880). In-4to. Ottawa.

CANARD, (Le). Journal aquatique, journal hebdomadaire illustré. Première feuille, format in-8, publiée à bord du Canada, 18 août 1877. Les autres, format in-4to. Paraît à Montréal une fois par semaine. Vol. 1, 2, 3, 1877-78, 79 (se continue).

CARILLON, (Le). Journal humoristique, illustré, Bilandeau et Cie., éditeurs-propriétaires. No. 1, 24 octobre, No 6 et dernier, 13 décembre, 1377, format in-4to, Québec.

CASSELL'S DOMESTIC DICTIONARY. An encyclopedia for the household. With illustrations. In-4to. London, 1879.

COLLECTIONS DE DÉCISIONS. Vide: Droit Canadien.

CONCORDE, (La). Journal politique, commercial, littéraire et agricole, publié aux Trois-Rivières, depuis le 2 mai 1879, 3 fois par semaine. In-folio.

CONTEMPORARY REVIEW, (The). Vols. 32 to 38 (1879-1830). 6 vols. gd. In-8. London.

COQ (Le). Abel Huot, rédacteur, 4 numéros, in-4to, illustré. Québec. (10 août—31 août, 1878).

CORRESPONDANT (Le). Nouvelle série. Tome 89e à 85e. (116 à 121 de la collection), 1879-1883). 5 vols in-8. Paris.

COURRIER DE MONTRÉAL (Le). Journal des familles (hebdomadaire). Prospectus, 17 sept. 1874. (No. 1, 14 octobre 1876), No. 28 et l'un des derniers, 26 avril 1876). In-folio. Montréal.

COURRIER DE MONTRÉAL (Le). Journal quotidien publié à Montréal, depuis le 26 mai 1879. In folio.

CRUTHWELL'S GAZETTEER. The new universal gazetteer, or Geographical dictionary. 3 vols. 8vo. London, 1879.

DAILY GRAPHIC (The). An illustrated evening newspaper. Vol. XXIV. In-folio, 1881. *New-York.*

Dezabry et **Bachelet.** Voir: *Dictionnaire.*

DICTIONNAIRE GÉNÉRAL de biographie et d'histoire, de mythologie, de géographie ancienne et moderne, etc., par MM. Dezabry, Th. Bachelet, et une société de littérateurs, de professeurs et de savants. 7e édition. 2 vols. in 4to. *Paris,* 1876.

DICTIONNAIRE GÉNÉRAL des sciences théoriques et appliquées.' Avec des figures intercalées dans le texte, par MM. Privat-Deschanel, Ad. Focillon, avec la collaboration d'une réunion de savants, d'ingénieurs et de professeurs. 2e édition. 2 vols. in 4to. *Paris,* 1877.

DICTIONARY of books relating to America, by Sabin. Vide: *Bibliography.*

DIRECTOIRE. Le guide ou directoire de la cité et du district de Trois Rivières, pour 1870-71. W. H Rowen, éditeur. In-32. *Québec,* 1870.

DIRECTORY. Quebec directory, and City commercial Register, 1847-48, by Alfred Hawkins. In 18. *Montréal,* 1847.

DIRECTORY. Quebec Directory for 1860-61 and for 1861-1862. Edited by G. H Cherrier. In-18. *Quebec.*

DIRECTORY. Cherrier's Quebec Directory, established in 1858, for the year ending May. 18, 1881. In-8. *Quebec.*

DIRECTORY. Quebec business directory, 1854 to the 1858. (last one with a plan of the city) by S. McLaughlin. 4 vol. In-12.

DIRECTORY. The Quebec directory, or stranger's guide in the city for 1826. &c., by John Smith. In 18. *Quebec,* 1826.

DIRECTORY. Mackay's Quebec directory, corrected in July, 1850. The same corrected in July and August 1852. 2 vol. In-12. *Quebec.*

DIRECTORY. The Quebec directory for 1822, containing an alphabetical list of the merchants, traders, &c., to which is prefixed a descriptive sketch of the town, by Thomas Henri Gleason. In 18, *Quebec,* 1822.

DIRECTORY. McAlpine's maritime business directory 1880-81, containing names of all business men and women in the cities and provinces of Nova Scotia, New Brunswick, Prince Edouard Island and Newfoundland. In-8. *St. John, N. B.*

DIRECTORY. Montreal directory, since 1838 containing and alphabetical directory of the citizens, and a street directo y, &c...... 13 vol. In-8. *Montreal.*

DIRECTORY. Toronto directory, for 1877 and 1878. 2 vol In-8.

DIRECTORY. Ottawa directory, for 1875, 1876, 1877 and 1879. 4 vol. In-8.

DIRECTORY. Boyd's combined business directory, for 1875-76, containing an alphabetical list of all the merchants, manufacturers, tradesmen, &c. In-3. *Montreal.*

DIRECTORY. The Canada directory for 1837-53, containing names of professional and business men, and of the principal inhabitants in the cities, and villages. In-4to. *Montreal.*

DIRECTORY. Mitchell's Canada gazetteer and business directory, for 1864-65 In-4to. *Toronto.*

DIRECTORY. Eastern township gazetteer and directory (1875-76). Districts of Bedford and St. Francis, and the principal places of districts of St. John and S. Hyacinthe. In-8. *Montreal.*

DIRECTORY. Hutchinson's Nova Scotia directory, for 1836-67. In-8. *Halifax.*

DIRECTORY of the city and district of Three Rivers for 1870-1871.

DIRECTORY. The Quebec, Three Rivers, Sorel, Levis, Montmagny, Rimouski, &c., directory for 1875-76. In-8. *Quebec.*

DIRECTORY. The march edition of the post-office London directory, 1847 (The 48th annual publication). In-4to. *London.*

DOMINION (the) annual register. Voir: *Histoire du Canada.*

ÉCLAIREUR (L'). Journal quotidien, politique et littéraire, publié à
Québec depuis le 20 août 1877 au 30 mars 1880. 4
vol. Folio.

ÉCOLE PRIMAIRE (L'). Journal d'éducation et d'instruction. Paraissant le 1er et le 15 de chaque mois. J. B. Cloutier,
rédacteur. M icier & Cie., éditeur. No. 1, 1er
janvier 1880. Format g.t. in-8. *Lévis*.

ÉLECTEUR, (L'), Journal quotidien, paraissant depuis le 15 juillet
183 . Format in-Folio. *Québec*.

FANAL (Le). Journal hebdomadaire illustré. No. 1 (24 mai, No. 3 et
dernier, 7 juin 1873). In-4to. *Montréal*. J. Bessette,
éditeur propriétaire.

FANTASQUE (Le). Journal humoristique illustré. No. 1, 23 octobre,
No. 4 et dernier, 22 novembre 1879. In-4to. *Ottawa*.

FARCEUR (Le). Journal comique illustré. Paraît tous les samedis à
Montréal H. Beaugrand, éditeur-propriétaire. (Nos.
1 à 21 complet). Folio, 18.o.

FEUILLE D'ÉRABLE (La). Edition hebdomadaire du *Courrier de Montréal*. 1ère année (1880). In-Folio. *Montréal*

FIGARO (Le). Journal humoristique. (1er numéro, 10 mars, 1876
et dernier, 14 avril suivant. 6 numéros in-4to.
Québec.

FRANC-PARLEUR (Le). Journal à tous, journal pour tous. (A paru
du 26 août 1870 au 30 avril 1878). vols. 1 et 2. In-
4to. In-Folio. *Montréal*.

GAZETTE OFFICIELLE DE QUÉBEC, (La). 1880. In 4to. *Québec*.

GAZETTE DE JOLIETTE, (La). Années 1873, 1875 et suivantes, pet.t
folio.

GAZETTE DE SOREL, (La). Depuis le 3 fév., 1869, relié en 5 vol. fol.

GAZETTE DES CAMPAGNES. Journal du cultivateur et du colon, paraissant tous les jeudis. In-4to. *Ste. Anne de la Pocatière*. (Année 1880.)

GAZETTE DES FAMILLES, (La). Journal religieux, agricole et d'économie domestique. 7 vols. In-12. *Québec*, 1869-1876.

GAZETTE D'OTTAWA, (La). Publiée à Ottawa depuis le 27 déc. 1878
jusqu'au 18 oct. 1879. Edition semi-quotidienne.
Voir : *Canada*.

Glackemeyer (G. C.).   Almanach.   Voir : *Almanach.*

Grégoire (Louis).   Dictionnaire d'histoire, de biographie de géographie et de mytho'ogie.   In-12.   *Paris*, 1877.

Illustrated Scientific News.   Devoted to science, arts, inventions, patents, shop and household economy, fol.   *New-York.* (Abt. Janvier 1880.   Vol. 111.)

Indicateur du chemin de fer Q. M O. & O.   Fauteux et Cie.   Editeurs.   In-8.   *Montréal.* 1880.

International Review, (The).   Vols. 6, 7. 8 et 9.   (1879 1880).   4 vols. gd.   In-8.   *New-York.*

Journal Asiatique, ou recueil de mémoires, d'extraits et de notices, relatifs à l'histoire, a la philosophie et aux langues des peuples orientaux.   7e série, tô.ue XI, 1873.   In-8.   *Paris.*

Journal d'agriculture.   Voir : *Agriculture.*

Journal de la Jeunesse, (Le).   Nouveau recueil hebdomadaire illustré.   2 vol.   In-4to.   *Paris,* 1877.

Journal de St. Roch, (Le).   Edition hebdomadaire.   A paru à Québec, du 14 déc. 1874 (numéro prospectus) au 5 février 1876. (55 numéros).

Journal général de l'Instruction publique.   Voir : *Education.*

Legal News, (The).   Vide : *Droit Canadien.*

Literary Garland, (The).   A monthly magazine of tales, sketches poetry, music, &c., new series, vol. 1, 2 3, 4, gd. 8vo. bound in two, 1843, 44-45-46.   *Montreal.*

Lower Canada Jurist, (The).   Vide : *Droit Canadien.*

Mackintosh (C. H).   Voir : *Canadian Parliamentary Companion.*

Magasin illustré d'éducation et de récréation, publiés par J. Macé, P. J Stahl et J. Verne, tomes 25 à 30. (1877-8 et 79.) 6 vols.   4to.   *Paris.*

Magasin pittoresque, publié sous la direction de M. E. Charton. 44 et 45e années (1876, 1877, 1878 et 1879).   5 vols. in.-4to.

MAGAZINE OF AMERICAN HISTORY (The). With notes and queries. (1879, 1880.) 2 vols. In-4to. New-York.

Martin (Henri). Le libelliste, 1851-1852 .2 vols. in-18. Bruxelles, 1833.

Mason (Jas.). Voir : Year book.

McGill College and University, Montreal. Annual Calendar, session of 1879-80. (172 pages). 8vo. Montréal, 1879. B. C. Vol. 181.

MENESTREL, (Le). Journal littéraire et musical, publié hebdomadairement, par A. Plamondon, rédacteur et S. Drapeau, imprimeur-propriétaire. In-5. Québec, 1844. Avec Album Musical.

MONTHLY REVIEW (the, devoted to the Civil government of Canada. Vol. 1, in-4to, 1841. Toronto.

MONTREAL WEEKLY WITNESS. Commercial review and family newspaper. Feby. 1874. Fol. Montreal. Vol. 1 to 6, (to be continued).

MORNING CHRONICLE (the). Commercial and Shipping Gazette. Vols. 25, 26, 27, 28, (1871, 72, 73 and 74). 4 vols. folio. Quebec.

MUSÉE DES FAMILLES, 1877-78-79. 3 vols. in-4to. Paris.

MUSÉE UNIVERSEL (Le). 1877-78. Le 1er vol de 1879. 5 vols. in-4to. Paris.

NATURALISTE CANADIEN (Le). Bulletin de recherches, observations et découvertes se rapportant à l'histoire naturelle du Canada. Rédacteur: M. l'abbé Provancher. Vol. XI (1879) et vol. XII (1880-1881).

NATURE (La). Revue des sciences et de leurs applications aux arts et à l'industrie, (1879-1880). 2 vols. in-4to par année. Paris.

NOTES AND QUERIES. A medium of inter-communication for literary men, artists, antiquaries, genealogists, &c., (1879, 1880). 2 vols. in-4to. London.

Notes and Queries. General index to series the fifth, (1874–79).
Vol. 1 to XII. In-4to. *London*, 1880.

Nouvelliste (Le). Journal quotidien, publié à St-Roch de Québec,
le 27 novembre 1876. 11 premiers numéros in 4to —
Numéro 12 1ère année, à 28, seconde année, gd. in-
4to.—Ensuite, petit folio.

Opinion Publique (L'). Journal hebdomadaire illustré. Vol. XI.
In-folio. *Montréal*, 1880.

Ordre (L'). Edition tri-hebdomadaire ; du 20 février 1869 au 5 mai
1870. In-folio. *Montréal.*

Ordre Social (L'). Journal hebdomadaire, politique, littéraire, industriel, agricole et de tempérance. Publié pour les
propriétaires par Stanislas Drapeau. Un vol. in-8.
Québec. 28 mars au 26 décembre 1850. 842 pages.

Ouvrier (L'). Organe des classes ouvrières, industrielles et commerciales. (A paru du 8 au 27 novembre 1877.) Gd.
in-4to.

Paris–Murcie. Journal publié au profit des victimes des inonda-
tions d'Espagnes, par le comité de la Presse française,
sous la direction de M. Ed Leboy, directeur de
l'Agence Havas, avec le concours de M. Lucien Max,
rédacteur en ch-f de l'Illustration, et de M. E. Mer-
cadier, comme secrétaire de la rédaction. Numéro
unique. Folio, 24 pages, décembre 1879.

Perroquet (Le). Journal hebdomadaire illustré. Chs. Germain,
propriétaire-éditeur. 3 numéros, in-4to. *Sorel.* (27
août—7 septembre, 1879).

Pionnier de Sherbrooke (Le). Journal hebdomadaire. 6 février
1869 au 18 décembre 1879, en 8 vols. (Se continue).

Planche (J. R.) A cyclopedia of costumes, &c. Voir: *Histoire
d'Europe.*

Polybiblion. Voir : *Bibliographie.*

Quebec law reports. (The). Vide : *Droit Canadien.*

Rapports Judiciaires. Vide : *Droit Canadien.*

REVUE AGRICOLE, &c.   Voir : *Agriculture.*

REVUE DE MONTRÉAL.   2e, 3e et 4e années (1878, 1879 et 1880) 3 vols·
In-8.   *Montréal.*

REVUE DES DEUX MONDES.   49e et 50e années.   8 vol.   In-8.   *Paris,*
1879 et 1880.

REVUE DU MONDE CATHOLIQUE (La). Troisième série (20e année), 1880.
4 vols. In-8.   *Paris.*

REVUE LÉGALE   (La).   Vide : *Droit Canadien.*

REVUE GÉNÉRALE DU DROIT, de la législation et de la jurisprudence,
en France et à l'étranger, 1ère et 2e années.   (1877–
1878).   2 vols.   In-8.   *Paris.*

REVUE MILITAIRE CANADIENNE.   Canadian military review (The).
In-4to Quebec, Kingston, 1880-1881. (1ère année de
la publication).

ROYAL GAZETTE (The) Since 1872. 1 vol. in-4to a year.   *Fredericton.*

Sabin (Joseph).   A dictionary of books relating to America from
its discovery to the present time. (Parts 30 to 76) 40
vols.   In-8.   *New-York,* 1873-1880.

SATURDAY BUDGET, (since January, 1874).   In-folio a year.   *Quebec.*

SCIENTIFIC AMERICAN. A weekly journal of practical informations,
art, science, mechanics, chimistry and manufactures.
Vol. 42 et 43 (1879, 1880).   In-folio.   *New-York.*

SCIENTIFIC NEWS (the illustrated). A record of the sciences and their
applications in the art and industries. Vol. 1rst (1881).
In-4to.   *New-York.*

SEMAINE (La).   Revue religieuse, pédagogique, littéraire et scientifique.   In-4to.   *Québec,* 1864.   Vol. I.   Le seul
publié.

SEMAINE DES FAMILLES (La). 1876–77, 1877–78, 1878-79. 3 vols. in-4to.
Paris.

STARKE'S ALMANAC.   Vide : *Almanac.*

STATESMAN'S YEAR BOOK (the).   Statistical and historical annual of
the States of the civilised world, for the year 1880, by
Fred. Martin.   In-12.   *London.*

THÉMIS (La). Vide: *Droit Canadien.*

TRIBOULET (Le). Journal comique, politique, illu tré, (publié en français et en anglais, à Ottawa. (Albert Grignard, rédacteur en chef). No. 1, le 1er novembre, No. 4 et dernier, 29 novembre 1879. Format in-4to.

TRIBUNE (La). Journal hebdomadaire. L. O David, rédacteur-propriétaire. Depuis le No. I (23 octobre 1880.) In-folio. *Montréal.*

UNION DES CANTONS DE L'EST (L'). Depuis le 4 février 1869, reliée en 2 volumes, folio.

UNION DE ST-HYACINTHE (L'). Journal hebdomadaire, depuis le 1er septembre 1874, jusqu'au 28 avril 1879. et semi-quotidien depuis cette date. In-folio. *St-Hyacinthe.*

UNION MÉDICALE DU CANADA (L'). Vide: *Science Médicale*

VINGT-QUATRE JUIN (Le). Journal publié à l'occasion de la Convention. Canadienne-française à Québec. Numéro unique, folio. 20 pages. *Quebec.*

VRAI CANARD (Le). Journal humoristique (illustré). Depuis le No. 1. 23 août, 1879 Format in.4to. Se publie à *Montréal*

WHITAKER'S ALMANACH. An almanack for the years of Our Lord 1880 and 1881, by Jas. Whitaker. 2 vol. in-18. *London,* 1880.

YEAR BOOK (the) and Almanac of Canada for 1867, 1868, 1869 and 1870, being an annual statistical abstract for the Dominion and a record of legislation and of public men in British North America. Bound in one vol. In-8. *Montreal.*

YEAR-BOOK OF FACTS in science and the arts, for 1876, 78, 79, and 1880 by Jas. Mason. 4 vols. in-18. *London.*

YEAR-BOOK (the). An almanac of Canada for 1872, being an annual statistical abstract for the Dominion and a register of legislation and of public men in British North America. In-8. *Ottawa.*

EXPOSITIONS.

AGRICULTURAL AND INDUSTRIAL EXHIBITION of Montreal, 1871. Prize List. (30 pages). 8vo. *Montreal*, 1871. B. C. Vol. 183.

CANADA at the International Exhibition, 1876. *Philadelphia*. Rules and Classification. In-8. (25 pages). B. C. Vol. 179.

CATALOGUE of the products of Michigan in the Centenial Exhibition of all nations, at Philadelphia, 1876. Br. in-8.

CATALOGUE of exibits, &c. (education). Vide: *Exposition.*

CENTENIAL EXHIBITION, Philadelphia, 1876. Dominion of Canada, Province of Ontario. Catalogue of exhibits in education department. in-8. *Toronto*, 1876. (64 pages B C. Vol. 202.

DOMINION EXHBITION to be held in the city of Montreal in 1880 Prize List. (43 pages). 8vo. *Montreal*, 183). B. C Vol. 200.

EXHIBITION. Report of the Canadian Commissioners at the exhibition of industry, held at Sydney, N. S. Wales, 1877. Br. in-8. *Ottawa*, 1878.

EXPOSITION (L') de Paris (1878), rédigée par A. Bitard, avec la colcollaboration d'écrivains spéciaux. Edition enrichie de vues, de scènes, de reproductions d'objets d'arts, de machines, de dessins et gravures, par les meilleurs artistes. In-4to. *Paris*, 1878.

EXPOSITION provinciale de Québec, 1871. Liste des prix. (30 pages). 8vo. *Montréal*, 1871. B. C. Vol. 183.

EXPOSITION provinciale de Montréal, 1876. Liste des prix. (21 pages). 8vo. *Montréal.* B. C. Vol. 183.

EXPOSITION universelle de Paris, 1878. Exposition scolaire de la Province de Québec, Canada. (Catalogue. In-8 *Québec*, 1878. (95 pages). B. C. Vol. 200.

List of Premiums offered by the Montreal horticultural society and fruit grower's association of the Province of Quebec, amounting to over $1.200 00. Open to the Province of Quebec. Exhibition to be held in Montreal, on 16th, 17th and 18th September, 1879.

Liste des Prix de l'Exposition de la Puissance à Montréal, 14-24 Septembre, 1880 ($20,000 offert en prix). In-8. *Montréal*, 1880. B. C. Vol. 199.

Liste des Prix off'ts par l'exposition provinciale agricole et industrielle qui aura lieu dans la cité de Québec, mardi, mercredi, jeudi et vendredi, 12, 13, 14 et 15 sept. 1861. Compétition ouverte au monde entier. In-8. (30 pages). *Montréal*, 1871.

Liste des Prix offerts à l'exposition provinciale (à Montréal), 12, 13, 14 et 15 septembre 1876. In-8. (21 pages. *Montréal*, 1878.

Prize List for the exhibition held in Quebec, 1871. (30 pages). In-8. *Montréal*.

Provincial Exhibition at Montreal. Catalogue (of). (62 pages). 8vo. B. C. Vol. 184.

Report of Canadian Commission. Vide: *Exhibition*.

Robin (Ch.) Extrait relatif au Canada. De l'histoire de l'exposition universelle de 1855. In-8. *Quebec*, 1856. (15 pages). B. C. Vol. 196.

GEOGRAPHIE, TOPOGRAPHIE, ETC.

Année Géographique (L'). Revue annuelle des voyages de terre et de mer, des explorateurs, missionnaires, etc. 2e série, par C. Maunoir et H. Duveynier. Tome 1er et 2e. 15e et 16e années, (1876 et 1877), 2 vols. In-12. *Paris*.

Anticosti (Island of). Description of Anticosti, and interesting particulars in relation thereto. November 1842. In-8. *Québec*. (22 pages).

ATLAS of the city of Three-Rivers and county of St-Maurice, from
actual surveys, based upon the Cadastral plans deposited in the office of the Department of Crown
Lands, by and under the supervision of H. W.
Hopkins. Folio, 1879.

ATLAS of the city and island of Montreal, including the counties of
Jacques Cartier and Hochelaga, From actual sur-
veys, based upon the cadastral plans deposited in the
office of the Department of Crown Lands, by and
under the supervision of H. W. Hopkins, Civil Engineer, Provincial Surveying, &c.   Folio, 1879.

ATLAS of the city and county of Quebec, from actual surveys, based upon the cadastral plans deposited in the office
of the Department of Crown Lands.   By and under
the supervision of H. W. Hopkins, Civil Engineer,
Provincial surveying and pub. co.   Folio, 1879.

ATLAS. A complete body of ancient geography, by M. d'Anville.
Modern names of places inserred under the ancient.
(*Noms latins et noms modernes.*)   Folio. *London*, 1794.

ATLAS. Cary's new universal atlas, containing distinct maps of all
the principal states and kingdoms throughout the
world.   Folio. *London*, 1808.

ATLAS. Petit atlas départemental de la France, contenant 101
cartes en noir et une carte en couleurs.   Petit in-4to.
Paris, 1878.

Balcer (Georges). The city of Three-Rivers as a sea-port and
her Net-work of Rail-Roads.   (67 pages).   8vo.
Three-Rivers, 1880. B. C. Vol. 203.

Barthwick (Rev. J. D.) The elementary geography of Canada.
In-32. *Montreal*, 1871.

Blosseville (C. Marquis de). Dictionnaire topographique du
département de l'Eure, comprenant les noms de
lieu anciens et modernes. In-4to. *Paris*, 1818.

BULLETIN de la société de géographie de Québec. Vol. 1. No. 1.
Transactions of the Geographical Society of Quebec.
Vol. 1. No. 1. In-8. *Quebec*, 1880. (38 pages).

BULLETIN de la Société de Géographie. Année 1880. In-8. *Paris*.

CANADIAN HAND-BOOK (the) and tourist's guide, giving a description
of Canadian lake and river scenery and places of
historical interest with the best spots for fishing and
shooting. In-8. *Montreal*, 1867.

CARTE du royaume de Norvège. Une feuille, 1878.

DEN NORSKE lods udgiven af den geografiske opmaaling. 2hefte,
indeholdende kyststrækningen fra Jomfruland til
Kristiansand. Ved J. S. Fabricius. In-8. *Kristiana*,
1880.

DESCRIPTION of township surveyed in Lower-Canada, in 1861 and
1862, with extracts from surveyor's reports. In-8.
Quebec, 1863. B. C. Vol. B.

Dussieux (L.) Géographie générale, physique, politique, historique, agricole, industrielle et commerciale. Édition
augmentée d'un supplément. In-4to. *Paris*, 1866.

EXTRACTS from Surveyor's reports of townships surveys in Manitoba, Keewatin, and North-West Territories, 1879.
In-8. (82 pages). B. C. Vol 196.

Gauthier (l'abbé L. O.) Nouvel abrégé de géographie etc. voir :
Holmes

GÉOGRAPHIE. Nouvel abrégé de géographie moderne, suivi d'un
appendice et d'un abrégé de géographie sacrée. In-18.
Québec, 1846.

Gingras (Eugène) Guide de Québec. (60 pages). In-12. *Québec*. B. C. Vol. 206.

Grégoire (L.) Géographie générale physique, politique et économique, avec 100 cartes, gravures sur acier, etc.
In-4to. *Paris*, 1877.

GUIDE (Appleton's general) to the United States and Canada. With
railway maps, plan of cities, and illustrations. In-12.
New York, 1879.

GUIDE to Montreal. 2nd edition. In-32. *Montreal*, 1874. B. C.
Vol. 209.

Holmes (l'abbé) Nouvel abrégé de géographie moderne à l'usage de la jeunesse. 8e édition, revue, corrigée et
augmentée. par l'abbé L. O. Gauthier. In-18. *Montréal*, 1877.

INTRODUCTION à l'étude de la géographie. Simples notions de géographie mathématique et physique, par un marin. In-18. *Paris.*

ISLAND OF ANTICOSTI. Description of, and interesting particulars in relation thereto. Nov. 1842. (22 pages). 8vo. B. C Vol 2.1.

Joanne (Adolphe). Collecteur des Guides. Les bords du Rhin, illustrés. Itinéraire descriptif et historique des des bassins du Rhin, du Neckar et de la Moselle. Illustré de 292 vignettes, 11 cartes et 10 plans. In-12. *Paris*, 1863.

———————————Les environs de Paris, illustrés. 3e édition. Contenant 224 vignettes, une carte des environs de Paris, et sept autres cartes ou plans. In-12. *Paris,* 1878.

——————————Paris illustré en 1870 et 1877. Contenant 442 vignettes dessignées sur bois, un plan de Paris et 14 cartes plans et un appendice pour 1877. 3e édition. In-12. *Paris.*

LaBruyère (Boucher de). Le Saguenay. Lettres au *Courrier de St-Hyacinthe.* (43 pages). 8vo. *St-Hyacinthe.* B. C. Vol. 201.

LA FRANCE par bassins fluviaux et par départements. Configuration physique et topographique. Produits industriels, commerce, chemins de fer, etc. Notions de topographie et de géographie, méthode Hennequin. Médaille de 2e classe à l'exposition de 1875. In-4to *Paris,* 1877.

Lyman (A. S.) Historical Chart.

——————————Questions designed for the use of those engaged in the study of Historical chart. Voir : *Histoire.*

Macdougall's Guide to Manitoba. Voir: *Statistique.*

Maître (Léon). Dictionnaire topographique du département de la Mayenne, comprenant les noms de lieu anciens et modernes. In-4to. *Paris,* 1878.

Niox (G.) Géographie militaire. 1ère partie. Introduction. Notions de géologie, de climatologie et d'ethnographie. 2e édition. In-12. *Paris*, 1878.

Nouvelle Géographie intermédiaire illustrée. Par les Frères des Ecoles chrétiennes. In-4to. *Montréal*.

Oliver (Thomas). Guide of Quebec city. (78 pages). In-12, 1879. B. C. Vol. 190.

Plan of the Seigneurie Rigaud–Vaudreuil (Beauce), showing 1st Lands neither conceded nor occupied by promise of sale. 2me. Lands unconceded but occupied by promise of sale. 3. Places where gold has been found, by P. A. Proulx. *St-François*, 1865. Folio.

Province de Manitoba et Territoire du Nord-Ouest. Voir: *Agriculture, Colonisation*

Reclus (Elisée). Nouvelle géographie universelle. La terre et les hommes. Avec cartes en couleur, cartes dans le texte, vues et types.

　　Vol. 3. L'Europe centrale.

　　Vol. 4. L'Europe du Nord-Ouest.

　　Vol. 5. L'Europe Scandinave et Russe.

　　Vol. 6. l'Asie russe, *Paris*, 4 volumes in-4to. 1878-79–1880 et 1881.

Report of the State board of Centenial managers for the International Exhibition of 1876. Br. In-8. *Laurey*.

Sachot (Oct.) L'île de Ceylan et ses curiosités naturelles. Nouvelle édition ornée de gravures. In-18. *Paris*, 1877.

Saguenay (Le) et le lac Saint-Jean. Ressources et avantages qu'ils offrent aux colons et aux capitalistes. (54 pages). In-8. *Ottawa*, 1879.

Saulcy (F. de). Dictionnaire topographique abrégé de la terre sainte. 8vo. *Paris*, 1877.

Specialkart over den Norske Kyst fra dyro til Gibostad, udgivet af den geografiske opmaaling. Folio. *Kristiania*, 1880.

SPECIALKART over den Norske Kyst fra Lepso til Ona. Folio. *Kristiania*, 1879.

SPECIALKART over den Norske Kyst fra Ona til Fulglen. Folio. *Kristiania*, 1879

SP CIALKART over den Norske Kyst fra Fulglen til Tustern. Folio· *Kristiania*, 1880.

Spence (Thos). Manitoba et le Nord Ouest du Canada. Ses ressources et ses avantages pour l'émigrant et le capitaliste, comparés aux états américains de l'Ouest, etc. In-8. *Ottawa*, 1875. (39 pages).

STADACONA DEPICTA : or Quebec and its environs historically, panoramically, and locally exhibited. In 32. *Quebec*, 1842.

SUMMER ROUTES. Lake Champlain, the Adirondacks. (36 pages). In-12. *New-York* B. C. 206.

Tassé (Elie). Le Nord-Ouest. Voir: *Agriculture : Colonisation.*

THE PICTURE of Quebec and its vicinity. Second edition, revised and corrected. In-32. *Quebec*, 1831.

VIEWS of the city of Quebec and environs. (16 pages). In-12. B. C. Vol. 190.

HISTOIRE.

ARCHÉOLOGIE, MÉMOIRES, NUMISMATIQUE, CHRONIQUES, ETC.

ARCHÉOLOGIE.

Bocquet (Oscar). Note sur la position de l'Oppidum Adnatucorum. In-8. *Liége*, 1862. (14 pages). (Vol. Brochures Belges: Archéologie, 12).

Bourassé (l'abbé J. J.) Les plus belles églises du monde. Notices historiques et archéologiques sur les temples les p us célèbres de la chrétienté. In-8 royal. *Tours*, 18 5.

Chalon (Robert). Les Opuscula de Jean Despiennes. (Extrait). (4 pages). In-8. Voir: Br. Belges: Archéologie.

Chalon (Robert). Collection Jean Rousseau : Monnaies féodales françaises. In-8. *Bruxelles.* (14 pages). Brochures Belges : Archéologie.

——————— Notice sur un tombeau romain ou gallo-romain, découvert à Schaerbeek, lez *Bruxelles.* (5 pages). Brochures Belges : Archéologie.

——————— Imitation d'une monnaie Belge, faite par le comte Palatin de Simmeren et de Deux-Ponts. (3 p.) Brochures Belges : Archéologie.

————— Médaille Hispano-Mexicaine de Ferdinand VII. (5 pages in-8.) Brochures Belges : Archéologie.

——————— Quelques monnaies seigneuriales inédites. In-8. *Bruxelles*, 1857. (8 pages). Brochures Belges : Archéologie.

——————— Florin d'or de Tecklenbourg. (3 pages). In-8. Brochures Belges : Archéologie.

———————— Monnaie de Navarre, frappées au nom du roi Ferdinand d'Aragon. In-8. *Bruxelles*, 1856. (11 pages). Brochures Belges : Archéologie.

————— Une monnaie de Blankenberg. (6 pages). In-8. Brochures Belges : Archéologie.

————— ———— Pièces à retrouver : jetons et méreaux de Mons. —Monnaies des rois d'Yvetot.- Pièces de 20 francs frappés par Wellington pendant la campagne des Pyrénées, etc. (7 pages). Brochures Belges : Archéologie.

——————— Notice sur les sceaux du Chapitre de Sainte-Waudru, à Mons. In-8 *Pau*, 1855. (7 pages) Brochures Belges : Archéologie.

————— ——— Un aureus inédit de Lœlianus (Lélien). In-8. *Bruxelles*, 1865. (7 pages). Brochures Belges: Archéologie.

——— ———— ———— Sceau du magistrat de Saint-Pierre à Maestricht. (Extrait de la revue de la numismatique Belge.) (3 pages.) In-8. Br. Belges : Archéologie.

Chalon (Robert) Un jeton de Nicolas du Chatelet, seigneur de Vauvillars. (Extrait de la revue de la numismatique Belge. In-8 (2 pages.) Br. Belges : Archéologie.

———————— Les Seigneurs ds Schöneck, à propos d'une monnaie. (Extrait.) In-8. (22 pages). *Bruxelles*). Brochures Belges : Archéologie.

———————— Une médaille Montoise. In-8. (4 pages). Brochures Belges : Archéologie.

———————— Médaille d'Albéric, comte de Lodron. In-8. (3 pages). Br. Belges : Archéologie.

———————— Jetons du comté de Saint-Pol. In-8. *Bruxelles*, 1859. (13 pages) Br. Belges : Archéologie.

———————— Quelques jetons inédits. In-8. *Bruxelles*, 1859. (26 pages). Br. Belges : Archéologie.

———————— Plomb trouvé à Gand. Extrait. (1 page, in-8;. Pr. Belges : Archéologie.

———————— Un gros tournois de Jean de Cunre. In-8. *Bruxelles*, 1859 (4 pages). Br. Belges : Archéologie.

———————— Les monnaies des seigneurs de Borkulo. (Extrait). *Bruxelles*, 1856. (9 pages). Broch. Belges : Archéologie.

———————— Notice sur un plateau de verre trouvé à Carroy-le-Grand, dans une sépulture Gallo-romaine. In-8. (6 pages). Br. Belges : Archéologie.

———————— Une décoration Algérienne. In-8. (5 pages). Br. Belges : Archéologie.

———————— Littérature judiciaire (mémoires et factums). (6 pages). In-8. Br. Belges : Archéologie.

———————— Une monnaie d'Anholt. In 8. *Bruxelles*, 1863. (7 pages). Br. Belges : Archéologie.

———————— La plus ancienne monnaie des Abbesses de Thorn. (4 pages). Br. Belges : Archéologie.

Chalon (Robert). Nouvelle classification des monnaies de Jeanne, duchesse de Brabant. In-8. *Bruxelles*, 1858. (10 pages). Br. Belges: Archéologie.

———————— Nécrologie (Alexandre Hermond.) (3 pages). Br. Belges: Archéologie.

———————— Quelques médailles satiriques de la révolution des patriotes. In-8. *Bruxelles*, 1858. (14· pages). Br. Belges: Archéologie.

———————— Plaque sépulcrale de Jacob Cavalli, (1384). (3 pages). Br. Belges: Archéologie.

———————— L'art de la terre chez les Poitevins, suivi d'une étude sur l'ancienneté de la fabrication du verre en Poitou, par Benjamin Fillon. (6 pages). In-8. Br Belges: Archéologie.

———————— La croix de Saint-Ulrich d'Augsbourg. (6 pages). In-8. Br. Belges: Archéologie

———————— La médaille de Francisco de Enzinas. (7 pages). Br. Belges: Archéologie.

Dall (W. H.) Voir: Smithsonian contribution to knowledge. Archéologie.

Habel (S.) Voir: Smithsonian contribution to knowledge: Archéologie.

INVENTAIRES des archives de la Belgique, publiés par ordre du gouvernement, sous la direction de M. Gachard. In-4to. *Bruxelles*, 1879.

Joanne (Adolphe). Collection des Guides. Voir: Topographie.

Jones (Joseph). Voir: Smithsonian contribution: Archéologie.

LeBlant (Edouard). Etude sur les sarcophages chrétiens antiques de la ville d'Arles. Dessins de M. Pierre Fritel. Gd. in-4to, 1878.

Lenthéric (Ch.) Les villes mortes du golfe de Lyon. Ouvrage renfermant 15 cartes et plans. 2e édition. In-12. *Paris*, 1876.

Lombardy (de). Lettre à M. R Chalon. In-8, 1852. (4 pages).
Br. Belges: Archéologie.

Pompei. Les dernières fouilles de 1874 à 1878, à l'usage des amis
de l'art et de l'antiquité, par Emile Presuhn, traduit
de l'Allemand, par Giraud-Foulon. Edition illustrée
de 60 planches. Gd in 4to. *Leipzig*, 1878.

Progrès·des études relatives à l'Egypte et à l'Orient. Gd. in-18.
Paris. 1867.

Rau (C). Voir: Smithsonian contribution to knowledge : Archéologie.

Recueil de documents et de mémoires relatifs à l'étude spéciales
des boutons et fibules de l'antiquité, du moyen âge
et des temps modernes, publiés par la société nationale de bontonistique, etc. Bulletin mensuel.
In-8 *Saint-Gilles*, 1851. (8 pages. Br. Belges:
Archéologie.

Smithsonian miscellaneous collections. 17 vols. In-8. Voir: Histoire naturelle.

Smithsonian contribution to knowledge. 22 vols. in 4to. Voir :
Histoire naturelle. Natural history.

Wallraf (Dr.) Numismatik des ordens der Agathopeden. &. in-8.
Berlin, 1853 (22 pages). Br. Belges. Archéo ogie.

AFRIQUE.

Abbadie (Ant. D') Sur les Oromo, grande nation africaine désignée
souvent sous le nom de " Galla." Lecture faite à
l'assemblée générale de la société scientifique de
Bruxelles, le 5 avril 1880. In-8 (26 pages).

AMÉRIQUE.

Adresses. Inauguration of S. '', L ws. L. L. D., as president of the
University of Missouri, at Columbia, July 5, 1876.
in 8. (119 pages). *Columbia*, 1876.

An American. Life in Cailtor in during a residence of several years in that territory, comprising a description of the country, with incidents, &c. in-18. *London*, 1851.

Asmodée a New-York. Revue critique des institutions politiques et civiles de l'Amérique. Coutumes, anecdotes etc. vie publique et privée etc. etc In-8. *Paris*, 1868

Beach (Allen C.) The centennial celebrations of the state of New-York. Prepared pursuant to a concurrent resolution of the Legislature of 1878 and ch. 391 of the laws of 1879. Gr. In-8. *Albany*, 1879.

Chotteau (Léon). La guerre de l'indépendance (1775-1783). Les français en Amérique. Avec une préface, par M. E. Laboulaye. In-18. *Paris*, 1876.

Cucheval-Clarigny. Histoire de la presse en Angleterre et aux Etats-Unis In-12. *Paris*, 1857.

Dalton (Wm.) Stories of the conquests of Mexico and Peru, with a sketch of the early adventures of the Spaniards in the New-World. (With illustrations). In-18. *London*.

Dixon (Hepworth). Les Etats-Unis d'Amérique. Impressions de voyage, abrégées, par H. Vattemare. In-8. *Paris*, 1879.

Eyma (Xavier). La vie aux Etats-Unis. In-12. *Paris*, 1876.

Franchère (G.) Relation d'un voyage à la côte du Nord Ouest de l'Amérique Septentrionale, dans les années 1810, 11, 12, 13 et 1874. In-8. *Montreal*, 1820.

Henderson. Speech on the resolutions for the annexation of Texas in the Senate. Feb. 20, 1845. In-8. (16 pages). Br. Angl. Vol. 7.

Holinski (Alex) L'équateur, scène de la vie sud-américaine. in-12, *Paris*, 1861.

Hough (Franklin R.) History of Duryée's brigade during the campaign in Virginia, under Gen. Pope, and in Maryland, under Gen McClelland, in the summer and autumn of 1862 Gr. in 8. *Albany*. 1864.

Hough (F. R.). E-say on the climate of the State of New-York, prepared at the request of the Executive Committee of the state Agricultural society and published in the 15th vol. of their transactions. in-8. *Albany*, 1857. (48 pages).

——————————Notices of Peter Penet and of his operations among the Oneida Indians, including a plan prepared by him for the government of that tribe. Read before the Albany institute, January 23d. 1866. royal, in 8. *Louville* 1866. (36 pages).

——————————Pemaquid in its relations to our colonial history : An address delivered at fort Popham, Aug. 1874. in-8. (56 pages).

—————— —Proceedings of a convention of delegates from several of New-England States, held at Boston, Aug. 3-9, 1780, to advise on affairs necessary to promote the most rigorous prosecution of the war, and to provide for a generous reception of our french allies Edited from an original manuscript record in the N. Y. state library. With an introduction and notes petit in-4to. *Albany*, 1867. (80 pages).

Lamothe(H. de). Cinq mois chez les français d'Amérique. Voyage au Canada et à la Rivière Rouge du Nord. 2e édition, contenant 4 cartes et 35 gravures sur bois. in-12, *Paris*, 1880.

Leclecq (Jules). Un été en Amérique. Ouvrage enrichi de 10 gravures. in-18. *Paris*, 1877.

Magazine of American history (The). with notes and queries. Edited by John Austin Stevens. vols. 1 to 6 (1878-80) Illustrated. 5 vols. in-4to. *New-York*, (to be continued).

Margry (Pierre). Etablissements français dans l'Amérique septentrionale. 3 vols. in-8 jésus. *Paris*, 1879.

Vol. 1. Voyage des français sur les grands lacs et découverte de l'Ohio et du Mississipi 1614-1685.

Margry (Pierre) Etablissement français.—*Continué.*

> Vol. II. Lettres de Cavelier de la Salle et corres-
> pondance relative à ses entreprises (1678-1685.)

> Vo. III. Recherches des bouches du Mississipi
> et voyage à travers le continent depuis les
> côtes du Texas jusqu'à Québec. 1669-1698.

Marshall (John). The life of George Washington, commander in
chief of the American forces, during the war of independence and first president of the United States.
Compiled under the inspection of the Hon. B. Washington, from original papers. 5 vols. in-8. *Philadelphia*, 1804-1807.

Mathieson (Alex.). An appeal to all the true democrats, especially the democrats of Wisconsin. Sept., 1848. In-12.
Milwaukee. (12 pages). Br. Angl. Vol. 7.

May (Sir Ths. Erskine). Democracy in America. A history. 2
vols. in-8. *London*, 1877.

Merlin (La comtesse de). La Havane. 3 vols in-18. *Bruxelles*,
1844.

Michigan. The state of.—Embracing sketches of its history, position, resources and industries, compiled under authority, by T. R. McCraken. In-8. *Lansing*, 1876.

Muraour (E.). Le Mexique. Conquête du Mexique par Fernand
Cortez. Guerre de l'Indépendance et République.
Expédition française de 1861-63. In-18. *Paris*, 1863.

Noir (Louis). Souvenirs d'un Zouave. Campagne du Mexique.
Puebla. 1 vol. in-12. *Mexico.* 1 vol. in-12. *Paris.*

Nolte (Frederick). Histoire des Etats-Unis d'Amérique, depuis
les temps les plus reculés jusqu'à nos jours. 2 vols.
in-8. *Paris*, 1870.

Orbigny. Voir: Voyage.

Perrot (Nicolas). Mémoire sur les mœurs, coutumes et religion
des sauvages de l'Amérique Septentrionale. Publiée
pour la première fois par R. P. J. Tailhan. In-8.
Paris, 1864.

PROCEEDINGS at the laying of the corner stone of the New Capitol
of Michigan, on the 2nd day of October, 1878, at the
city of Lansing. Compiled by Allen L. Bours. Br.
in-8. *Lansing*, 1873.

PROCEEDINGS (inaugural) at the dedication of the New Capitol of
Michigan, at Lansing, 1st January, 1879. Compiled
by Allen L. Bours. Br. in-8. *Lansing*, 1879.

Ryerson (Egerton). The loyalists of America and their times,
from 1620 to 1816. 2nd edition. 2 vols. in-8. *Toronto*,
1880.

Sarmiento (D. F.). Civilisation et barbarie, mœurs, contenues,
caractères des peuples Argentins. Facundo Quiroga
et Adao. Traduit de l'espagnol, et enrichi de notes
par A. Giraud. in 12. *Paris*, 1853.

TEXAS. Thoughts on the proposed annexation of Texas to the
United States. First published in the *New-York
Evening Post*, under th signature of *Veto* (Théodore
Sedgwick). Also, the address of Albert Gallatin, at
the great meeting, April, 24. in-8. *New-York*, 1844.
Br. Aug. vol. 7.

Thurman (Allen G.). Speech in relation to the Mexican war, and
in reply to Messrs. Giddings, Tilden, and Delano.
Delivered in the House of representatives, May, 14,
1846. in-8. *Washington*, 1846. Br. Aug. vol. 7. (16
pages).

Turenne (Le Cte L. de). Quatorze mois dans l'Amérique du Nord,
(1875-1876) avec carte d'une partie du Nord-Ouest. 2
vols. in-18. *Paris*, 1879.

Von Holst (Dr. H.). The constitutional and political history of the
United States. Translated from the German by J. J.
Labor and A. B. Mason. 1750-1833. Gd. 8vo. *Chicago*,
1877.

Washington. Voir : Marshall.

ANCIENNE.

Desbazeilles (E). Les colosses anciens et modernes. Ouvrage illustré de 53 gravures, in-18. *Paris*, 1876.

Duruy (V.) Histoire romaine jusqu'à l'invasion des barbares. 9e édition. in-18. *Paris*, 1867.

RAPPORTS sur les sciences historiques.

RAPPORTS sur les études relatives à l'Egypte et à l'Orient etc. voir : *Hist. de France*, documents parlementaires.

Wallon (H.) Histoire de l'esclavage dans l'antiquité. 7e édition. 3 vol. in.8. *Paris*, 1879.

ANGLETERRE.

ALIQUIS. The retrospect or review of providential mercies, with anecdotes of various characters and an address to naval officers, 10th edition. in-18. *London*, 1825.

Beaconsfield (Lord). voir : *Hitchman*.

Bédard (T. P.) La légende et l'histoire du Clan d'Argyle Campbell. (Extrait du *Journal de Québec*, 23 nov. 1878.) vol.

Bisset (A.) The history of the struggle for parliamentary government in England. 2 vol. in-8. *London*, 1877.

———— Omitted chapters of the History of England, from the death of Charles I. to the battle of Dunbar. 2 vol. in-8. *London*, 1864.

Blerzy (H.) Les colonies anglaises. in-32. *Paris*.

Bray (Rev. A. J.). England and Ireland. A lecture delivered at Montréal, december, 17th, 1880. In-12. *Montreal*, 1881. (58 pages). B. C. Vol. 244.

Bright (Rev. J. F.) A history of England. With maps and plans. 3 vols. in-18. *Edinburgh*, 1877.

Brougham (H. Lord).   The British constitution : its history, structure and working. 2nd edition. In-18. *Londou,* 1861.

———————————— Historical sketches of Statesmen who flourished in the time of George III. 3 vols. in-18. *London,* 1855.

Burrows (Montagu). Constitutional progress.   Lectures delivered before the University of Oxford.   Contents :

The chief architect of English constitution.

Ancient and modern politics.

Relations of Church and State.

The Imperial and National principles.

National character of the old english Universities.

The religious and political history of England.

2nd edition. In-18. *London,* 1872.

CRITICUS. Biographie critique des orateurs les plus distingués et principaux membres du Parlement d'Angleterre. Vide : *Biographie.*

Cucheval-Clarigny. Histoire de la presse en Angleterre et aux Etats-Unis. In-12. *Paris,* 1857.

Cunningham (David)   Conditions of social well-being, or inquiries into the material and moral position of the populations. Voir : *Economie sociale.*

Doubleday (Thomas). The political life of the Right Hon. Sir Robert Peel, bart. 2 vols. in-8. *London,* 1856.

Froude (J. A.) Short studies on great subjects. New edition. 3 vols. in-18. *London,* 1879.

Gladstone (W. E.) Gleanings of past years, (1875–78). 7 vols. Petit in-16. *London,* 1879.

Vol. 1. The Throne and the Prince Consort ; the Cabinet, and constitution.

Vol. 2. Personal and literary.

Vol. 3. Historical and Speculative.

Vol. 4. Foreign.

Vol. 5–6. Ecclesiastical.

Vol. 7. Miscellaneous.

Hales. The original institution, power and jurisdictions of Parliament. In-8. *London*, 1707.

Historical Records of Port Philip, the first annals of the colony of Victoria. Edited by John J. Shillinglaw, by authority. In-8. *Melbourne*, 1879.

Hitchman (Francis). The public life of the Right Hon. Earl of Beaconsfield, K. G. 2 vols. in-8. *London*, 1879.

Howitt (Wm.) Saunder's portraits and memoirs of eminents living political reformers. To which is annexed a copious historical sketch of the progress of Parliamentary reform, from 1734 to 1832. In-4to. *London*, 1840.

May (Thos.) The history of the Parliament of England, which began, Nov. 3rd, 1640 with a short and necessary view of some precedent years,—published by authority, (1647) reprinted, in-4to, *London*, 1812.

McCarthy (Justin). A history of our times, from the accession of Queen Victoria to the Berlin Congress. 4 vol. In-8, *London*, 1879.

National portrait callery (The). 5 vol. in-4to, *London*, 1879.

Palmerston (Lord). Sa correspondance intime, pour servir à l'histoire diplomatique de l'Europe de 1830 à 1865. Traduite de l'anglais, précédée d'un introduction par Augustin Craven. 2 vol. in-8, *Paris*, 1878.

Rutherford (John). The secret history of the fenian conspiracy, its origin objects and ramifications. 2 vol. In-8. *London*, 1877.

Saint-René Taillandier. Le roi Léopold et la reine Victoria (récits d'histoire contemporaine) 2 vol. in-8. *Paris*, 1878.

Smith (Geo. R.) The life of the right Hon. Wm. E. Gladstone. In-8. *New-York*, 1880.

Stanhope (Earl) Life of the right Hon. Wm. Pitt, with extracts from his papers, new edition. 3 vol. In-8. *London*, 1879.

Taine (H.). Notes sur l'Angleterre. 5e édition. In-18. *Paris*, 1876.

Todd (A.) Parliamentary government in the British Colonies. In-8. *Boston*, 1880.

Trollope (T. Adolphus). The story of the life of Pius the ninth. In-18. *Toronto*, 1877.

Wavertree (O. M.). Home life in England. Illustrated by engravings on steel. after pictures by Collins, Constable, Cooper, Turner, Linnell, &c., wit brief essays. In-4to. *London*.

ASIE.

Bousquet (Georges) Le Japon de nos jours et les échelles de l'extrême Orient. (avec trois cartes), 2 vol. in-8. *Paris*, 1877.

Journal asiatique. voir : *Encyclopédies, journaux, etc.*

Sinibaldo de Mas (D.) La Chine et les puissances chétiennes. 2 vol. in-12. *Paris*, 1861.

Thomson (J.) L'Inde–Chine et la Chine. Récits de voyages abrégés par H. Vattemare. In-8. *Paris*, 1879.

CANADA.

A dialogue in hades. A parallel of military errors, of which the french and english armies were guilty, during the campaign of 1759, in Canada. Voir le vol. intitulé : *Mémoires et relations sur le Canada*. (55 pages, in-12)•

Anderson (Dr. W. J.) Canadian history and biography, and passages in the lives of a British prince and a canadian seigneur : the father of the Queen and the hero of Chateauguay. (A paper read before the literary and historical society of Quebec, Dec. 19th, 1866. In-8. *Québec*.) (51 pages) B. C. 202.

Annales de la propagation de la foi pour la Province de Québec. Voir : *Théologie, religion.*

ANNUAIRE DE VILLE MARIE. Origine, ulitité et progrès des institu. tions catholiques de Montréal. (1ère année, 1863) et supplément. In-18, *Montréal*, 1864.

—— — ————————Suivi de recherches archéologiques et statistiques sur les institutions catholiques du Canada. tome 1er. Hist. des paroisses du diocèse de Montréal. 1ère 2e et 3e livraison. In-18. *Montréal*, 1867-1871–1878.

ANNUAIRE de l'Institut Canadien de Québec. Vide: *Publications périodiques.*

A SHORT authentic account of the expedition against Quebec in the year 1759, under command of Major General James Wolfe. In-8. *Quebec*, 1872. (49 pages).

Audiat (Louis). Brouage et Champlain (1578–1667). Documents inédits. In-8. *Paris*, 1879. (48 pages).

BANQUET offert à MM. Thors, de Molinari et de la Londe, par les citoyens de Montréal, à 7 heures du soir, jeudi le 28 novembre 1880, à l'hôtel Windsor. Extrait du compte rendu publié par le journal "Le Courrier de Montréal." In-12. (31 pages). B. C. Vol. 203.

Bédard (T. P.). Nos archives. Les statistiques. Extraits du "Journal de Québec." In-8. (30 pages). (Publié sans nom d'auteur). B. C. Vol. 216.

Belmont (l'abbé de). Histoire du Canada. In-12. (46 pages). (1765 probablement). Voir le vol. intitulé: *Mémoirs, etc.*

Bibaud (Michel). Histoire du Canada et des Canadiens, sous la domination anglaise, de 1830 à 1837. In-12. *Montréal*, 1878.

Bibaud, jeune. Tablettes historiques canadiennes, modelées sur l'abrégé chronologique du Président Hénaut. 2e édition. In-12. *Montréal*, 1861. (46 pages). B. C. Vol. 210.

Budden (Helier). Newfoundland, its climate, geographical position, resources, &c., and Benarès, the sacred city of the Hindus. Two lectures delivered before the Y. M. C. A. Quebec. In-8. *Quebec*, 1880. (46 pages). B. C. Vol. 204.

Butter (W. F.). The wild northland. Voir : Voyages.

Campeau (T. R. E.). Illustrated guide to the House of Commons and Senate of Canada, voir : *Biographie.*

CANADIAN (The) parliamentary Companion and annual register, 1880. In-18, *Ottawa.*

CANADIAN portrait gallery. 4 vols. in-4to. *Toronto*, 1880.

Casgrain (l'abbé). Une paroisse canadienne au 17e siècle. In-18. *Québec*, 1880.

Chambers (Mayor). Report on the late Riots. Rapport sur les dernières émeutes, B. C. 190.

COLLECTION de mémoires et de relations sur l'histoire ancienne du Canada, d'après des manuscrits obtenus des archives en France. In-12 *Québec*, 1840, voir le vol. intitulé : *Memoires et relations sur le Canada.*

CONVENTION NATIONALE de Québec, juin 1880. Programme adopté. in-8. *Québec*, 1880. 9 pages. B. C. 197.

CORRESPONDENCE relative to the Fenian Invasion and the rebellion of the Southern States. (176 pages.) 8vo. *Ottawa*, 1869. B. C. Vol. 183.

De Cazes (Paul). Notes sur le Canada. Nouvelle édition. In-18. *Québec*, 1880.

Darveau (L. M.). Histoire de la Tribune. In-8. *Québec*, 1863. (16 pages). B. C. Vol. 196.

Dessaulles. Dernière correspondance entre le cardinal Barnabo et M. Dessaulles. Br. in-8. (39 pages).

DINER à M. Joly, M. P. P. Grande démonstration de sympathie. Diner magnifique. Discours chaleureux. (Extraits de journaux mis en brochure). B. C. Vol.

Dionne (N. E.). Etudes historiques. Le tombeau de Champlain et autres réponses aux questions d'histoire du Canada, proposées lors du concours ouvert en juin 1879, par S. E. M. le cte de Premio-Real. In-8. (91 pages). *Québec*, 1880.

DOMINION of Canada. The Province of Manitoba and North-West territory. Information for intending immigrants. 3rd edition. In-8. *Ottawa*, 1879. (24 pages).

DOMINION Annual Register and Review (the), for the thirteenth year of the Canadian Union, 1879. Edited by Hy. J. Morgan, assisted by Hodgins, Mackinnon, Burgess, Bell, Bourinot, MacLean and Dixon. In-8. *Ottawa*, 1880.

Drapeau (Stanislas). Notes et éclaircissements. La question du tombeau de Champlain. In-8. *Ottawa*. (21 pages).

Duquet (Joseph Norbert). Une fête à l'imprimerie du *Canadien*. 8 pages 8vo. *Québec*, 1878, B. C. 172.

EMEUTE DE LA RUE CHAMPLAIN, (15 août, 1859). Les dernières émeutes —rapport du maire. The late riots—mayor Chambers' report. — Extraits de journaux mis en brochure. B. C. vol. 190.

Estimauville (C. R d'). Cursory view of the state of the colony of Lower Canada. 57 pa. 8vo. *Quebec*, 1829. vol. 76.

ETAT des affaires de la société historique de Montréal pour 1872. Gd. in-8. (8 pages,) *Montréal*, B. C. Vol. B.

Faillon (Rév.) Précis historique de ce qui s'est passé de plus remarquable depuis la découverte du Canada jusqu'à nos jours. 53 pages 8vo. B. C. 203.

Faucher de St. Maurice. Voir : *Relation*.

Faucher (N.) **Marmette** et **Levasseur.** Le Canada et les pays Basques. 28 p. 8vo. *Québec*, 1879. B. C. 182.

FIFTH SERIES of historical documents. Published under the auspices of "the Litterary and Historical Society of Quebec." In-8. *Québec*, 1877.

FRANCE (La) et le Canada français. Discours. Vide : *Economie politique.*

Fraser (Col. Malcolm). Extract from a manuscript journal relating to the siege of Quebec in 1759. Voir le vol. intitulé : *Mémoires et relations sur le Canada.*

FULL DETAILS of the railway disaster of the 12th of March, 1857, at the Desjardin Canal, on the line of the Great Western railway. In-12. *Hamilton.* (51 pages). B. C. Vol. 202.

Gallway (T. L.) A short authentic account of the expedition against Quebec, in the year 1759. (48 pages). 8vo. *Quebec*, 1872. B. C. Vol. 197.

Gingras (l'abbé Jos. Apollinaire). Le Bas-Canada entre le moyen-âge et l'âge moderne. In-32. *Québec*, 1880. B. C. Vol. 206.

Girod (Armury). Notes diverses sur le Canada. Première livraison. In-4to. Village Debartzch, 1835. (65 pages). B. C. Vol. A.

Hannay (Jas). The history of Acadia from its first discovery to its surrender to England by the treaty of Paris. In-8. *St-John, N. B.*, 1879.

HISTOIRE DE L'EAU–DE–VIE en Canada, d'après un manuscrit récemment obtenu de France. In-8. (28 pages). Voir le volume intitulé: *Mémoires et relations sur le Canada.*

INCENDIE de l'hôtel du parlement, (février 1854). Rapport. Voir: *Documents parlementaire divers.* 1 vol.

INCENDIE de l'hospice des Sœurs de la Charité (3 mai 1854). Voir: *Documents parlementaires divers.* 1 vol. 8vo.

INSTALLATION du premier évêque de Chicoutimi. B. C. Vol. 194.

INSTITUT CANADIEN d'Ottawa. Célébration du 29e anniversaire. (117 pages). 8vo. *Ottawa*, 1879. B. C. Vol. 193.

JÉSUITES. Les anciens biens des Jésuites. (Extraits de la Revue Canadienne. B. C. Vol. 190

JUBILÉ épiscopal de Pie IX. Départ des Pèlerins Canadiens pour Rome, 6 avril 1877. (Extrait du Nouveau Monde). B. C. Vol. 194.

JUGEMENT impartial sur les opérations militaires de la campagne en 1759. In-12. (8 pages). Voir le vol. intitulé : *Mémoires et relations sur le Canada.*

LA CRISE politique de Québec. Notes et précédents. In-8. (63 pages). *Québec*, septembre 1879.

La Légende et l'histoire du Clan d'Argyll Campbell. B. C. Vol. 190.

La protestation de l'Épiscopat. Un article du "Canadien" sur le libéralisme. Une lettre de Mgr l'Archevêque de Québec, (4 avril 1877). Une lettre de M. Tarte, (5 avril 1877.) (Extraits de journaux). B. C. Vol. 101.

LaRue (F. A. H). Réponse au mémoire de MM. Brousseau, frères, imprimeurs des Soirées Canadiennes. B. C. Vol. 197.

La Société historique de Montréal vs. Maximilien Bibaud. No. 1 et 2. B. C. Vol. 203.

Laverdière et Casgrain. Découverte du tombeau de Champlain. (19 pages). 8vo. Québec, 1866. B. C. Vol. 191.

La Voix de l'écolier du collège de Joliette. Compte-rendu des fêtes de la réunion des anciens élèves, les 12 et 13 juin, 1878. In-4to. B. C. Vol. A.

Le Gouvernement de la puissance du Canada pendant les années 1874, 75, 76, 77 et 78. In-8. (50 pages). Québec, 1878.

LeMoine (J. M) Historical Notes on the environs of Quebec. (Drive to Indian Lorette, Tahourenche, Chaudière Falls, &c.). In-18. (30 pages). Montreal, 1879. B C. Vol. 180.

——————— Glimpses of Quebec during the ten years of french domination in Canada, 1749-59, with observations on the past and the present. 8vo. Quebec, 1879. (42 pages). B. C. Vol. 197.

——————— Queen's birth day, 1880. Quebec, and its gates and environs. Something about the streets, lanes and early history of the ancient capital, with illustrations, plans of the Sham fight, etc. In-8. Quebec, 1880. (94 pages).

Les Orangistes. (15 pages). 8vo. Montréal, 1878. B. C. Vol. 203.

Le Saguenay et le lac St-Jean. Voir: Agriculture. Colonisation.

Les 24, 25 et 26 juin 1880 à Québec. Discours prononcés dans les conventions, congrès et banquet. (Extraits de " L'Evénement " des 25 et 26 juin). (62 pages). 8vo

Macdougall's Guide to Manitoba. Voir: *Statistique.*

Mailloux (l'abbé A.). Histoire de l'Ile-aux-Coudres, depuis son établissement jusqu'à nos jours, avec ses traditions, ses légendes, ses coutumes. In-8. (90 pages). *Montréal,* 1879.

M<small>ANDEMENT</small> de Mgr E. Taschereau, archevêque de Québec, promulguant la bulle *Inter varias sollicitudines,* qui érige canoniquement l'Université Laval. (31 pages). 8vo, 1876. B. C. Vol. 196.

M<small>ANITOBA</small> et le Nord-Ouest du Canada, ses ressources et ses avantages pour l'émigrant et le capitaliste, comparés aux Etats Américains de l'Ouest, par Thos. Spence. 8vo. (40 pages). *Ottawa,* 1875.

M<small>ANITOBA</small> and the Canadian North-West. (With engravings). From the "Chicago Commercial Advertiser," Augt, 31st 1877. In-4to. (31 pages). B C. Vol. A.

M<small>ANUSCRIPTS</small> relating to the early history of Canada. In-12. *Quebec,* 1866. Voir le vol. intitulé: *Mémoires et relations sur le Canada.*

Marchand (L. W.) Voir: Mémoires de la Société historique.

Masson (Philippe). Les Canadiens français et la Providence. B. C. Vol. 195.

McCord (F. A.) Errors in Canadian history, culled from "Prize answers." In-8. *Montreal,* 1880. (44 pages). B. C. Vol. 203.

M<small>ÉMOIRES</small> de la société historique de Montréal (septième et huitième livraisons). Voyage de Kalm en Amérique, analysé et traduit par L. W. Marchand. In 8. *Montréal,* 1880.

M<small>ÉMOIRES</small> concernant les grèves du Sault-au-Matelot, etc., que le séminaire de Québec possède à titre de fief. Voir le vol. intitulé: *Mémoires et relations sur le Canada.*

M<small>ÉMOIRES</small> et relations sur le Canada. In 8.

     1. Journal du voyage de M. Saint-Luc de la Corne, dans le navire l'*Auguste,* en l'an 1761.

Mémoires et relations sur le Canada.—(*Continué*).

2. Journal du siége de Québec, en 1759, par J. Claude Panet.

8. Mémoire concernant les grèves du Saut-au-Matelot.

4. Siege of Quebec in 1759, by Col. Mal. Fraser.

. 5. Siége de Québec, en 1759, d'après un manuscrit apporté de Londres, par D. B. Viger.

6. Mémoire du Sieur de Ramesay, au sujet de la reddition de Québec, 1759. (2 parties).

7. Manuscripts relating to the early history of Canada.

8. A dialogue in hades (Montcalm and Wolfe).

9. Quebec and its environs, being a picturesque Guide to stranger, 1831.

10. Reminiscences of Quebec.

11, Siege of Quebec in 1759, by a Nun of the General Hospital.

12, 13 et 14. Collection de mémoires et de relations, d'après des manuscrits obtenus des archives et bureaux publics de France.

15. Histoire du Canada, par M. l'abbé Belmont.

16. Relation du siége de Québec, en 1759.

17. Jugement impartial sur les opérations militaires de la campagne en Canada, en 1759.

18. Réflections sommaires sur le commerce en Canada.

19. Histoire de l'eau-de-vie en Canada.

Mémoire sur l'Université-Laval, avec pièces justificatives. In-4to. *Québec*, 1862. B. C. vol. A.

Miles (Henry H.) Histoire du Canada pour les enfants, à l'usage des écoles élémentaires. Traduit de l'édition anglaise par L. Devisme. in-32, *Montréal*, 1877.

Miles Henry H.) The one hundred prize questions in Canadian history, and the answers of " Hermes " (Henry Miles, jnr., of Montreal) the winner of the first prize, with an appendix containing notes and comments. Br. in-8. (120 pages). *Montreal*, 1880. B. C. 191.

MISSIONS. Rapports sur les missions du diocèse de Québec, etc. Voir : *Théologie, religions.*

Morgan (Henry J.). The dominion annual register and review. Voir : *Dominion annual register.*

Muller (Hans. W.). Canada, past, present and future. In-8. (52 pages). *Montreal*, 1880.

Nicolls (A. D). Vide: *McCord* and, *Civil Code.*

NOCES D'OR de Mgr. J. D. Déziel, camérier secret de Sa Sainteté Léon XIII, curé de Notre-Dame de la Victoire et supérieur du collége de Lévis. In-32. *Lévis*, 1880. B. C. Vol. 206.

NOTES HISTORIQU s sur la paroisse et les curés de Ste. Anne de la Pocatière, depuis les premiers établissements, par M. le curé de Ste. Anne, en 1869. In-32. *Ste. Anne de la Pocatière*, B. C. vol. 207.

NOTES sur le Canada. Voir : *Statistique.*

NOTICE HISTORIQUE sur l'enseignement du droit en Canada. In-12. *Montréal*, 1862. (52 pages).

NOTICE NÉCROLOGIQUE de R. C. Tanguay, avocat. Décédé le 15 mars 1874, à Québec. (17 pages). In-12. *Québec*, 1874. B. C. Vol. 190.

NOTICE NÉCROLOGIQUE de l'Hon. P. Bachand. B. C. Vol. 190.

O'Farrell (John). Annual concert and ball of the St-Patrick's Society, Montreal. 18th January, 1872. Address delivered on invitation of the society. Petit in-32. (37 pages). *Montreal*, 1872. B. C. Vol.

ORDERS in Council, proclamations, departemental regulations, &c.' having force of law in the Dominion of Canada. In-8. *Ottawa*, 1874.

O'Sullivan (D. A.) A mannal of government in Canada, &c.,
Voir: *Législation. Politique.*

Pacaud (Ernest). Lettre à l'Hon. L. O. Loranger, procureur-général, 16 février 1880. In-12. *Trois-Rivières*, 1880.
(17 pages.) B. C. Vol. 210.

Panet (Jean-Claude). Journal du siége de Québec, en 1759.
In-12. *Montreal*, 1866. Voir le vol. intitulé: *Mémoires et relations sur le Canada.*

Patterson. Notes relating to Newfoundland. Voir : *Statistique.*

PETIT QUESTIONNAIRE pour faciliter l'étude de l'arbre historique du Bas-Canada. In-32. *Montréal*, 1873.

PRÉCIS HISTORIQUE de ce qui s'est passé de plus remarquable depuis la découverte du Canada jusqu'à nos jours. Suivi de notes, avec une gravure et une carte. In-8. (53 pages.)

PROCEEDINGS of the grand lodge of Quebec ancient free and accepted masons, at its 8th annual communication, Montreal, 1877. A. L. 5877. In-8o. *Montréal*, 5877 (72 pages)
B. C. vol. 202.

QUEBEC AND ITS ENVIRONS: being a picturesque guide to the stranger. In-12. Quebec 1831 (42 pages). Voir : le vol. intitulé : *Mémoires et relations sur le Canada.*

QUEBEC HISTORICAL SOCIETY. List of officers, and schedule of prizes offered for the year 1867. Also Rules and regulations. 11 pages, in-12. *Quebec*, 1867. B. C. 205.

Ramezay (Sieur de). Evénements de la guerre en Canada durant les années 1659 et 1760. Relation du siége de Québec du 27 mai au 8 août 1759. Voir le vol. intitulé : *Mémoires et relations sur le Canada.*

——————————— Mémoire au sujet de la reddition de Québec, le 18 septembre 1759. Publié sous la direction de la Société Historique de Québec. In-12 jésus. *Québec*, 1861. Voir le vol. intitulé : *Mémoires et relations sur le Canada.*

Rattray (Alex.) Vancouvert Island and British Columbia, where they are ; what they are ; and what they may become. In-8. *London*, 1852. With maps and plates.

Record of liberal administration. Vide : *Politique.*

Reflections sommaires sur le commerce qui s'est fait au Canada. In-12. (8 pages). Voir le vol. intitulé : *Mémoires et relations sur le Canada.*

Red River insurrection. Hon. W. McDougall's conduct reviewed. In-8. (69 pages). *Montreal*, 1870.

Relation de ce qui s'est passé lors des fouilles faites par ordre du gouvernement, dans une partie dos fondations du collège des Jésuites de Québec, précédée de certaines observations, par Faucher de Saint-Maurice. Accompagnée d'un plan, par le capitaine Deville et d'une photo-litographie. In-4to. (48 pages). *Québec*, 1879. B. C. Vol. A.

Relation du siége de Québec en 1759, par une religieuse de l'Hôpital-Général de Québec, adressée à une communauté de son ordre en France. In-12. (24 pages). Voir le vol. intitulé : *Mémoires et relations sur le Canada.*

Relation historique des événements de l'élection du comté du Lac des Deux Montagnes, en 1834. Episode propre à faire connaitre l'esprit public dans le Bas-Canada. In-12. *Montréal*, 1835. (36 pages). B. C. Vol. 205.

Relations des Jésuites sur les découvertes et les autres événements arrivés en Canada et au Nord et à l'Ouest des Etats-Unis, (1611-1672), par le Dr. E. B. O'Callaghan, traduit de l'anglais, avec quelques notes, corrections et additions par le R. P. Félix Martin. In-12. *Montréal*, 1880.

Reminiscences of Quebec, derived from reliable sources, with a view of the city, and maps of Canada. 4e edition. In-12. (41 pages). *Quebec*, 1862. Voir le volume intitulé : *Mémoires et relations sur le Canada.*

Réplique des marguilliers de Notre-Dame de Montréal. Gr. in-8 (1866) 45 pages. B. C. vol. 194.

Report and collections of the Nova Scotia Historical Society for 1878. Vol. I. In-8. *Halifax*, 1879.

REPORT of the Ottawa reception committee on the Flag incident on board the Steamer Queen. 14 pages 8vo; *Ottawa*, 1877. B. C. 192.

Robidoux (J. E.). Report to the Hon. Luc Letellier de St. Just, Lt.-Governor of the Province of Quebec. On the Offices of the prothonotary of Superior Court, of the Clerk of Circuit Court, of the Clerk of the Crown and Peace and of the Police office, at Montreal. In-8. 1880. (23 pages). B. C.

Ross (Alexander). The Red river settlement ; its rise, progress, and present states with some account of the nature, races and its general history, to the present day. In-12. *London*, 1856.

Russell (A. J.). Champlain's Astrolabe. 24 pages 8vo. *Montreal*, 1879. B. C. 171.

SACRE ET INSTALLATION de Mgr. D. Racine, premier évêque de Chicoutimi, 1878. (Extraits des journaux mis en brochure. B C. Vol. 194.

Sagard-Théodat (le frère Gabriel). Le grand voyage du pays des Hurons, situé en Amérique vers la mer douce, ès derniers confins de la nouvelle France, dite Canada In-18, à *Paris*, 1632. (Très-rare, valant au-dessus de cent dollars).

SAGUENAY (le) et le lac St-Jean. Ressources et avantages qu'ils offrent aux colons et aux capitalistes. In 8. *Ottawa*, 1879. (54 pages).

Saint-Luc de la Corne. Journal de son voyage dans le navire l'Auguste, en l'an 1761. 2e édition. In-12. *Québec*, 1861 Voir le vol. intitulé : *Mémoires et relations sur le Canada*.

SIÉGE de Québec en 1759. Voir : Viger.—Fraser.—Une Sœur de l'Hôpital-Général.—Ramezay.

SIEGE (the) of Quebec and conquest of Canada in 1759, by a Nun of the General Hospital of Quebec, to which is appended an account of the laying of the first stone of the monument of Wolf and Montcalm. In-8. *Quebec*. (28 pages). B. C. Vol. 202.

Société Historique de Montréal (la) rs. Maximilien Bibaud. Portraits des colliticans. In-8. (Pages 1 à 12). (Cause No. 2). In-12 (Pages 13 à 20). B. C. Vol. 203.

Société St-Jean Baptiste de Québec. Fête nationale des Canadiens-français du Canada et des Etats-Unis. Cenvention nationale, 25 et 26 juin 1880. B. C. Vol. 197.

Société St-Jean Baptiste de Québec. Fête nationale des Canadiens-français du Canada et des Etats-Unis. Convention nationale, 25 et 26 juin 1880. Binquet national le 24.— Illumination. — Réception à Spencer Wood.- Feu d'artifice. In-8. Québec. 1880. (8 pages).

Souvenir du 4 novembre 1864. Dédiés aux anciens élèves du Séminaire de Ste-Thérèse. (38 pages). 8vo. Montréal, 1854. B. C. Vol. 196.

Souvenir du jubilé sacerdotal de Mgr. C. F. Cazeau, prélat domestique de Sa Sainteté, V. G. de l'archidiocèse, célébrée à Québec en janvier 1880. In-12. Québec, 1880.

Souvenir de la grande célébration nationale du 24 juin, 1880, à Québec, petit in-12 oblong, contenant certaines gravures.

Souvenir du 24 juin 1874. In-64. Montréal, 1874.

Souvenir du 4 novembre 1864 dédié aux anciens élèves du Séminaire de Ste. Thérèse. (Biographie de M. Ducharme.) In-8. Montréal, 1865.) 38 pages. B. C. 196.

Souvenir du 24 juin 1880. Vive la Canadienne. 16 pages 8vo ; Québec, 1880. B. C. 202.

Spence (Thomas) Manitoba et le Nord-Ouest du Canada, ses ressources et ses avantages pour l'émigrant et le capitaliste. 39 pages 8vo. Ottawa, 1875. B. C. 201.

Stadacona depicta. Voir : Topographie.

St. Lin. M. Chapleau s'explique. Relation du grand diner de St. Lin, le 21 août, 1877. (Extraits de divers journaux) B. C. vol. 193.

Sulte (Ben.) Les origines de la Saint Jean-Baptiste. (Une feuille). B. C. Vol. B.

Sulte (Ben.) Chronique trifluvienne. Gr. In-8, *Montréal*, 1879.

Sutherland (Rev. G.). A manual of the geography and natural and civil history of Prince-Edward Island, for the use of schools, families and emigrants. In-18. *Charlottetown*, 1861.

Synge (M. H.). Canada in 1848, being an examination of the existing resources of British North America, with considerations for their furthur and more perfect development, as a practical remedy, by mean of colonisation for the prevailing distress in the United empire, and for the defence of the Colony. In-8, 40 pages. *London.*

Tableau historique du Canada à l'usage des élèves des Ursulines. In-12. 12 pages. *Québec*, 1866. B. C. Vol. 181.

Taché (J. C.). Notice historiographique sur la fête célébrée à Québec le 16 juin, 1859, jour du 200e anniversaire de l'arrivée de Mgr. de Montmorency-Laval en Canada, Publiée avec l'autorisation de M. l'abbé L. J. Casault. recteur de l'Université-Laval. In-8. 72 pages, *Québec.* 1859.

Tanneries. Affaires des tanneries. Séance du 25 nov. 1875. Discours des Hons. MM. Angers, Ouimet, Chapleau, et de M Taillon député de Montréal. Gd. In 8. (21 p.). B. C. Vol. 194.

Tassé (Elie). Le Nord-Ouest. La Province de Manitoba et les territoires du Nord-Ouest. Leur étendue, salubrité du climat, etc. Br. In-8. *Ottawa*, 1880, (72 pages).

Tassé (Joseph). Un Parallèle. Lord Beaconsfield et Sir John Macdonald. 41 pages 8vo ; *Ottawa*, 1880. B. C. 191.

Terrible Explosion !! Explosion à l'atelier de cartouches, près de la porte St-Jean. Onze personnes tuées et plusieurs blessées. In-8. *Québec*. (16 pages). B. C. Vol. 197.

The Queen birth-day in Montreal, 24 May, 1879. Orders for the Military review and Sham fight, &c. In-12. *Montréal*, 1879. (12 pages). B. C. Vol 205.

THE SIEGE of Quebec and conquest of Canada in 1759. (28 pages).
8vo. *Quebec.* B. C. Vol. 202.

THE NORTHERN KINGDOM. By a colonist. (18 pages). 8vo. *Montréal.*
B. C. Vol. 203.

Thibault (Charles). Hier, aujourd'hui et demain ou origines et
destinées canadiennes. (16 pages). 8vo. *Montréal,*
1880. B. C. Vol. 203.

TRANSACTIONS of the Literary and Historical Society of Quebec.
(Sessions of 1879-80. In-8. *Quebec,* 1880. (130 p).

TREATIES between Her Majesty the Queen and Foreign powers.
See : Statutes of the Dominion, 1879. ·

Trudel (F. X. A.) Mémoire sur la question de fusion des sociétés
littéraires et scientifiques de Montréal. In-8. *Montréal,* 1866. (32 pages). B. C. Vol 211.

Trudel (l'Hon. F. X. A.) Nos chambres haute. Sénat et Conseil
Législatif. In-8. (160 pages). *Montréal,* 1880.

Tuttle (Charles R.) The comprehensive history of the Dominion
of Canada, with art engravings. Vols. 2 from the
confederation of 1867 to the close of 1878. In-4to.
Montreal, 1879.

UNIVERSITÉ LAVAL. Documents relatifs à l'érection canonique de
l'Université Laval. In-4to. *Québec,* 1876. Edition
de luxe. (48 pages). B. C. Vol. A.

UNIVERSITÉ LAVAL. Mémoire. Voir: *Mémoires.*

VICÉ-ROIS et lieutenant-généraux des rois de France en Amérique.
Voir: *Mémoires relatifs à l'histoire du Canada.* GRAND
CATALOGUE.

Viger (D. B.) Analyse d'un entretien sur la conservation des
établissements du Canada, des lois, des usages, etc
de ses habitants. *Par un Canadien,* dans une lettre
à un de ses amis. In-8. *Montréal,* 1826. (46 pages).
B. C. Vol. 203.

————— Siége de Québec en 1759. Copié d'après un manuscrit apporté de Londres en 1834. In-12. *Québec,*
1836. Voir le vol. intitulé : *Mémoires et relations sur
le Canada.*

VIVE LA CANADIENNE. Souvenir du 24 juin 1880, par * * *

Sommaire :

Vive la Canadienne.

Québec, son âge de renaissance.

Promenade sentimentale sur la terrasse Dufferin.

In-12. *Québec*, 1880. (16 pages). B. C. Vol. 202.

Watson (S. J.) The powers of the Canadian Parliament. In-18. *Toronto*. 1880.

EUROPE.

Allen (C. F). Histoire de Danemark, depuis les temps les plus reculés jusqu'à nos jours. Avec une biographie et des tables générales. (Ouvrage couronné). Traduit d'après la 7e édition, par E. Beauvais. Enrichi d'une bibliographie et de 3 cartes en couleur. 2 vol. In-8. royal. *Copenhague*, 1878.

Grégoire (Louis). Dictionnaire d'histoire, de biographie, de géographie et de mythologie. In-12. *Paris*, 1877.

Kerrigan (Rev. M.) Galileo and Roman inquisition. Lecture. 27th April, 1854. In-12. *Quebec*, 1854. (21 pages). B. C. Vol. 208.

Leger (Louis). Histoire de l'Autriche–Hongrie, depuis les origines jusqu'à l'année, 1878. Ouvrage contenant 4 cartes. In-12. *Paris*, 1879.

Lubomirski (Le prince J.). Le nihilisme en Russie. Br. in-32. *Paris*, 1879. (93 pages).

May (Sir Th. Erskine). Democracy in Europe. A history. 2 vols. In-8. *London*, 1877.

Memor (Andreas). L'Allemagne nouvelle, 1863–1867. Guerre du Danemark, antagonisme de la Prusse et de l'Autriche, dissolution de la Confédération, guerre de 1866. In-12. *Paris*, 1879.

Niboyet (Paulin). La reine de l'Andalousie. Souvenirs d'un séjour à Séville. Avec vignettes de A. Du Buisson. In-12. *Paris,* 1858.

Noir Louis). Campagne de Crimée. Alma: In-12. *Paris.*

Planché (J. R.) A cyclopedia of costumes, or dictionary of dress, including notices of contemporaneous fashions on the continent; and a general chronological history of the costumes of the principal countries of Europe, from the commencement of the Christian Era to the accession of George III. 2 vols., in-4to. *London,* 1879.

Rattazi (Mme.). L'Espagne moderne. In-12. *Paris,* 1879.

Roux (Xavier). L'Autriche-Hongrie. In-12. *Paris,* 1879.

Russell (Major F. S.). Russian war with Turkey, past and present. With two maps. 2nd edition. In-12. *London,* 1877.

Saint-Albin (Alex. de). Histoire de Pie IX et de son Pontificat. Nouvelle édition. 2 vols., in-12. *LePuy,* 1877.

Saint-René Taillandier. Le roi Léopold et la reine Victoria. (Récits d'histoire contemporaine). 2 vols. In-8. *Paris,* 1878.

Stateman's year books, 1866, by Fred. Martin. In-18. *London.*

Tablettes Autrichiennes, contenant des faits, des anecdotes et des observations sur les mœurs, les usages des Autrichiens et la chronique secrète des cours d'Allemagne, par un témoin oculaire. In-18. *Bruxelles,* 1830.

Touchard-Lafosse (G.) Souvenirs d'un demi-siècle. Vie publique. Vie intime, mouvement littéraire. Portraits. 1789-1834. 6 vols. In-18. *Bruxelles,* 1736.

FRANCE.

Aubineau (Léon). M. Augustin Thierry. Son système historique et ses erreurs. 2e édition. In-18. *Paris,* 1879.

Audiat (Louis). Brouage et Champlain (1578-1667). Documents inédits. Br. in-8. *Paris,* 1879. (48 pages).

Bachelet (Th) Histoire de France. 3e édition. 2 vols. in-12. *Paris*, 1878.

Barreau et **Darragon**. Montfort et les Albigeois. 2 vols. in-18. *Bruxelles*, 1840.

Bibaud, jeune. Napoléon I et Nopoléon III. Parallèle historique. In-18. *Montréal*, 1860. (21 pages).

Chapelle et **Bachaumont**. Voyage à Encausse, en Gascogne, publié par Jouaust. In-12. *Paris*, 1874.

Colet (Mme Louise). Le jeunesse de Mirabeau. In-18. *Bruxelles*, 1842.

D'Héricault (Ch.) Histoire nationale des naufrages. Voir : *Naufrages*.

D'Héricault (Ch.) et **Moland** (L.). La France guerrière. Récits historiques d'après les chroniques et les mémoires de chaque siecle. In-4to. *Paris*. (Gravures sur acier.)

DOCUMENTS inédits sur l'histoire de France. Lettres, instructions diplomatiques et papiers d'état du cardinal de Richelieu, recueillis et publiés par M. Avenel. Tôme 7e, 1642. In-4to. *Paris*, 1874.

DOCUMENTS pour servir à l'histoire du second empire. Circulaires, rapports, notes et instructions confidentielles, 1851–1870. In-8. *Paris*, 1872.

Ducoudray (Gustave). Cent récits d'histoire de France. (Illustrés). In-4to. *Paris*, 1878.

Ducrot (Le général). La défense de Paris, 1870–1871. Tôme 4e, accompagné de 24 cartes en couleur. Gd. in-8. *Paris*, 1878.

Duluc (Louis). France physique, administrative, militaire et économique. In-18. *Paris*, 1875.

Dumas (Alex). Sketches on France. In-8. *Philadelphia*.

Duruy (V.). Histoire de France. Nouvelle édition, illustrée 2 vols. in-18. *Paris*, 1868.

Goepp (Ed.) et **D'Eotot** (H). Les marins. 2 vols. gd. 8vo. *Paris*, 1877. (Avec portraits).

Grenville-Murray (E C.). Les hommes du Septennat. Traduit de l'anglais, par H. Testard. In-18. *Paris.*

——————————————— Les hommes du second empire. Silhouettes contemporaines. Traduit de l'anglais, par A. Dapples. Nouvelle édition. In-12. *Paris.*

——————————————— Les hommes de la troisième république. Traduit de l'anglais, par H. Testard. 2 vols. In-12. *Paris.*

Hans (Ludovic). Second siége de Paris. Le comité central et la commune. Journal anecdotique. 5e édition. In-12. *Paris*, 1871.

Houssaye (Arsène). Gallerie du XVIIIe siècle. 11c édition. La régence. 4 vols. in-12. *Paris*, 1876.

　　　Vol. 1. La régence.

　　　Vol. 2. Louis XV.

　　　Vol. 3. Louis XVI.

　　　Vol. 4. La révolution.

Lacroix (Désiré). Histoire anecdotique du drapeau français. 3e édition. In-18. Paris, 1878.

La France par bassins fluviaux et par départements, etc. Voir: *Géographie, topographie.*

Lescure (M. de). Henri IV (1553-1610). Dix gravures sur acier, fleurons et culs-de-lampe. 4to. *Paris*, 1874.

——————————— François 1er (1494-1547). 4 chromos, 70 grav. sur bois, etc. Royal in-8. *Paris*, 1878.

Magen (H.). Histoire du second empire. In-12. *Paris*, 1878.

Mangin (Arthur). Les savants illustres de la France. Nouvelle édition, ornée de 16 portraits. Gd. 8vo. *Paris.*

Maury (Alf.). Rapport sur les archives nationales, pour les années 1876 et 1877. 8vo. *Paris*, 1878.

Médailles sur les principaux événements du règne entier de Louis le Grand, avec des explications historiques. Folio. Imprimerie royal, *Paris*, 1723.

Mérimée (Prosper). Notes d'un voyage dans le midi de la France. In-18. *Bruxelles*, 1836.

———————— Notes d'un voyage dans l'Ouest de la France. In-18. *Bruxelles*, 1837.

Metternich (le prince de). Mémoires, documents et écrits divers, publiés par son fils. 2e édition. 2 vols. in-8. *Paris*, 1880.

Mingeaud (Arthur). A condensed History of Paris, with statisticts from its foundation, 65 years, B. C., to the present time, including correct descriptions of all principal buildings, monuments, and places of interest in the capital. (94 pages). 8vo. *Quebec*, 1871. B. C. Vol. 172.

Mirabeau. Mémoires biographiques, littéraires et politiques, écrits par lui-même, par son père, son oncle et son fils adoptif. 8 vols. in-8. *Paris*, 1834.

Monseignat (Ch. de). Un chapitre de la révolution française ou histoire des journaux en France de 1789 à 1799, précédée d'une notice historique sur les journaux. In-18. *Paris*, 1853.

Naufrages. Histoire nationale des naufrages et aventures de mer (1800–1850). 5e édition. 2 vols. in-12. *Paris*, 1876.

Notice sur la ransportation à la Guyane française et à la Nouvelle Calédonie, pendant les années 1868 à 1875. 2 vols. Gd. in-8. *Paris*.

Nouvelles Archives du Museum d'histoire naturelle, publiées par les professeurs-administrateurs de cet établissement. 2e série, tôme 1er. Gd. in-4to. *Paris*, 1878.

Perrault (Ch.). Mémoires. Notice par Paul Lacroix. In-12. *Paris*, 1878.

Pierre (Victor). Histoire de la république de 1848. Gouvernement provisoire, commission exécutive, Cavagnac. 24 février—20 décembre 1848. 2 vols. royal in-8. *Paris*, 1873.

Quicherat (J.). Histoire du costume en France, depuis les temps les plus reculés jusqu'à la fin du XVIIIe siècle. 2e édition. Contenant 483 gravures. Royal in-8. *Paris*, 1877.

Rémusat (Madame de). Mémoires, (1802-1805), publiés par son petit fils, Paul de Rémusat. 9e édition. 3 vols. in-8. *Paris*, 1880.

Richaudeau (l'abbé). La prophétie de Blois, avec des éclaircissements. In-12. *Québec*, 1870. (Du *Courrier du Canada*). (46 pages).

Saint-Hilaire (C. M. de). Napoléon au bivouac, aux Tuileries et à Sainte-Hélène. Anecdotes inédites sur la famille et la cour impériale. In-18. *Bruxelles*, 1844.

Schickler (F. de). L'histoire de France dans les archives privées de la Grande-Bretagne. Relevé des documents concernant la France dans les " Reports of the royal commission of historical manuscripts, 1870-76." In-4to. *Paris*, 1878.

Sor (Charlotte de). Le duc de Bassano. Souvenirs intimes de la révolution et de l'empire. 2 vols. in-18. *Bruxelles*, 1843.

Taine (H.). Les origines de la France contemporaine. L'ancien régime. 8e édition. Gd. In-8. *Paris*, 1879.

——————La révolution. Tôme 1er, 8e édition. In-8. *Paris*, 1878

HISTOIRE UNIVERSELLE.

Annual register. (The). A review of public events at home and abroad, for the year 1878. In-8. *London*, 1879.

Chantrel (J.). ' Une année d'histoire contemporaine, Gr. In-8. *Paris*, 1872.

Howitt (Wm.). Saunder's portraits and memoirs of eminent living political reformers, voir : *Biographie*.

Lyman (Azel. S.). Question designed for the use of those engaged in the study of Lyman's historical chart, with a key to the names mentioned in the chart, &c. In-18. *Cincinnati*, 1875.

———————— Historical chart. Containing the prominent events of the civil, religious and literary history of the world from the earliest time to the present day. Fol. *Cincinnati*, 1875.

Rawlinson (George). The five great monarchies of the ancient eastern world ; or the history, geography, and antiquities of Chaldæa, Assyria, Babylon, Media and Persia. 4th edition. 3 vol. In-8, with maps and illustrations. *London*, 1879.

Tytler (Hon. A. F.). Universal history from the Creation of the World to the beginning of the 18th century. 2 Vol. In-8. *Boston*, 1854.

Veuillot (Louis). La guerre et l'homme de guerre. In-12. *Paris*, 1855.

HISTOIRE NATURELLE.

—

NATURAL HISTORY:

Canadian Naturalist (The). Vide : *Encyclopédies, journaux, revues, etc.*

Dawson (J. W.) The chain of life in geological time. A sketch of the origin and succession of animals and plants, with numerous illustrations. In-12. *London.*

Petite Histoire naturelle, ou leçons sur les minéraux, les plantes et les animaux qu'il est le plus utile de connaitre. Nouvelle édition, revue et augmentée. In-32. *Berthier*, 1847.

SMITHSONIAN MISCELLANEOUS COLLECTIONS. 17th vols. in-8. *Washing. ton,* 1862–1879. Contents :

Vol. 1st.

> Article. I. Directions for meteorological observations and the registry of periodical phenomena, 1860. Pp. 70.

> Article II. Psychometrical table for determining the force of aqueous vapor, and the relative humidity of the atmosphere from indications of the wet and the dry bulb thermometer, Farenheit. By Jas. Coffin, 1856. Pp. 20.

> Article III. Tables, meteorological and physical, prepared for the Smithsonian Institution. By A. Guyot. 2nd edition, 1859. Pp. 634.

Vol. II.

> Classification of the chemical arts.

> Tabular view of the chemical arts.

> I. Colorics.

> II. Plastics.

> III. Metallurgy.

> IV. Chimics.

> V. Kalistics.

> VI. Oleics.

> VII. Sitepsics.

> VIII. Biotechnics.

Vol. III. (Wants).

Vol. IV. Advertisement.

> Article I. Synopsis of the described Nevroptera of North America, with a list of the South America species. By Hermann Hagen, 1861. Pp. 368.

> Article II. Synopsis of the described Lepidoptera of North America. By John G. Morris, 1862. Pp. 376 and 30 wood-cuts.

SMITHSONIAN MISCELLANEOUS COLLECTIONS.—(*Continued*).

Vol. V.

Article I. Bibliography of North America Concohology previous to the year 1860. By Binney. Part I. America continent, 1863. Pp. 658

Article II. Catalogue of publications of the Smithsonian Institution, 1862. Pp. 52.

Article III. List of foreign correspondents of the Smithsonian Institution, 1862. Pp. 56.

Vol. VI.

Advertisement.............................Page VII.

Article I. Monographs of the Dyptera of North America, prepared for the Smithsonian Institution, by H. Loew. Part I. Edited with additions, by R. Ostensacken, April, 1862. Pp. 246. 3 wood-cuts and 2 plates. (141).

Article II. Monographs of the Diptera of North America. Prepared for the Smithsonian Institution, by H. Loew. Part II. Edited by R. Ostensacken, January, 1864. Pp. 372, and five plates. (171).

Article III. List of the Coleoptera of North America. Prepared for the Smithsonian Institution. By John L. Leconte, M. D. March, 1863.—April, 1866. Pp. 82. (140).

Article IV. New species of North America Coleoptera. Prepared for the Smithsonian Institution. By John L. Leconte, M. D., March, 1863.—April, 1866. Pp. 180. (167).

Vol. VII.

Advertisement, ...Page VII.

Article 1. Monograph of the Bats of North America. By H. Allen, M. D., assistant surgeon U. S. N. June, 1864. Pp. 110, and 68 wood-cuts. (165).

SMITHSONIAN MISCELLANEOUS COLLECTIONS.—(*Continued*).

Article II. Land and fresh water Shells of North America. Part II. Pulmonata limnophila and Thalassophila. By W. G. Binney, September, 1865. Pp. 172, and 261 wood-cuts. (143).

Article III. Land and fresh water Shells of North America. Part III. Ampullariidæ, fresh water Neritidæ, Hellicinidæ. By W. G. Binney, September, 1865. Pp. 128, and 232 wood-cuts. (144).

Article IV. Researches upon the Hydrobiinæ and allied forms; chifly made from materials in the Museum of the Smithsonian Institution. By Dr. Wm. Simpson, August, 1865. Pp. 1864, and 29 wood-cuts. (201).

Article V. Monograph of America Corbiculadæ (recent and fossil). Prepared for the Smithsonian Institution, by Temple Prime, December, 1865. Pp. 92, and 86 wood-cuts. (145).

Article VI. Check List of the invertebrate fossils of North America. Eocene and Oligocene. By T. A. Conrad. May, 166. Pp. 46. (200).

Article VII. Check list of the invertebrate fossils of North America. Miocene. By F. B. Meek. 1863. Pp. 84. (183).

Article VIII. Check list of the invertebrate fossils of North America. Cretaceous and Jurassic. By F. B. Meek. 1844. Pp. 42. (199).

Article IX. Catalogue of minerals with their formules, &c. Prepared for the Smithsonian institution. By T. Egleston. 1863. Pp. 56. (156).

SMITHSONIAN MISCELLANEOUS COLLECTIONS.—(*Continued*).

Article X. A Dictionary of the Chenook Jargon or trade language of Oregon. Prepared for the Smithsonian institution. By G. Gebbs. 1863. Pp. 60. (161).

Article XI. Instruction for research relative to the Ethnology and Philology of America. Prepared for the Smithsonian institution. By G. Gibbs. 1863. Pp. 54. (160).

Article XII. List of works published by the Smithsonian institution. 177. Pp. 12. (203).

Vol. VIII.

Article I. Monograph of the Diptera of North America. Part IV. By R. O. Sacken. 1869. 8vo. Pp. 358. 4 plates, and 7 wood-cuts.

Article II. Catalogue of the Orthoptera of North America described previous to 1867. By S. H. Scudder. 1868. 8vo. Pp. 110.

Article III. Land and fresh-water shells of North America. Part. 1. Pulmonate geophila. By W. G. Binney and T. Bland. 1869, 8vo. Pp. 328, and 544 wood-cuts.

Article IV. Arrangement of families of birds. 1866. 8vo. Pp. 8.

Article V. Circular to officers of the Hudson's Bay Co. 1860, 8vo. Pp. 6.

Article VI. Suggestions relative to objects of scientific investigation in Russian America. 1867. 8vo. Pp. 10.

Article VII. Circular relating to collections in Archæology and Ethnology. 1867, 8vo. Pp. 2.

Article VIII. Circular to Entomologists, 1860. 8vo. Pp. 2.

SMITHSONIAN MISCELLANEOUS COLLECTIONS.—(*Continued*).

Article IX. Circular relative to collections of birds from middle and South America. 1863. 8vo. 2 Pp.

Article X. Smithsonian Museum Miscellanea, 1862. Pp. 88.

Vol. IX.

Article I. Bibliography of North American Conchology, previous to 1860. B. W. G. Binney. Part II. Foreign Authors, 1864, 8vo. Pp. 302.

Article II. Catalogue of publications of societies, and of periodical works, belonging to the Smitsonian Institution, 1866. 8vo. Pp. 596.

Vol. X.

Article 1. The mollusks of Western North America. By P. P. Carpenter. Embracing the second report made to the British association on this subject, with other papers. Reprinted by permission, with general index, 1872. Pp. 446.

Article II. Arrangement of the families of Mollusks. By. Theodore Gill, 1871. Pp. 65.

Article III. Instructions for observations of thunder storms. By Prof. Henry. P. 1.

Article IV. Circular relative to heights. By Prof. Henry. Pp. 2.

Article V. Directions for constructing lightnings-rods. By Prof. Henry. Pp. 3.

Article VI. Queries relative to tornadoes. By Prof. F. Henry, Pp. 4.

Article VII. Questions relative to the food fishes

Smithsonian miscellaneous collections.—(*Continued*).

of the United States. By Prof. S. Baird. Pp. 7.

Article VIII. Memoranda of inquiry relative to the food fishes of the United States. By Prof. Baird. Pp. 5.

Article IX. List of the Institutions, colleges, and other establishments in the U. S., in correspondence with the Smithsonian Institution, 1872, pp. 255.

Article X. List of foreign correspondents of the Smithsonian Institution, 1872, pp. 96.

Article XI. Check list of publications of the Smitsonian Institution, 1872, pp. 22.

Vol. XI.

Advertisement.

Article I. (230). Arrangement of the families Mammels; with analytical tables. B. Theod. Gill, 1872, pp. 104.

ArticleII. (No. 247). Arrangement of the families of fishes, or classes pisces, Marsipobranchii and Leptocardii. By Theod. Gill, 1872, pp. 96.

Article III. (No. 256). Monographs of the Diptera of North America. Part III. By H. Loew, 1873. 4 plates, pp. 376.

Article IV. (No. 261). Directions for collecting and preserving insects. Prepared by A. S. Packard, 1873, pp. 60.

Article V. (No. 264). New species of North America Coleoptera. By John L. Leconte. Part II, 1873, pp. 74.

Article VI. (No. 265). Classification of the Coleoptera of North America. By John L. Lecomte. Part II, 1873, pp. 72.

SMITHSONIAN MISCELLANEOUS COLLECTIONS.—(*Continued*).

Vol. XII.

Advertisement.......................... Page VII.

Article I. (No. 181). Review of American birds, in the museum of the Smithsonian institution. Part 1. By S. Q. Baird 1864-1872, pp. 484.

Article II. (No. 255). The constants of nature. Part 1. Specific gravities ; boiling and melting points : and chemical formulœ, compiled by F. Wigglesworth Clarke, S. B. 1873. pp. 272.

Article III. (No. 263). Telegraphic announcements of Astronomical discoveries. By J. H. Henry, 1873. pp. 4.

Vol. XIII.

Advertisement.

Article I. Check-list of North American Betrachia and Reptilia; with a systematic list of the higher groups and an essay on geographical distribution based on the specimens contained in the United States National Museum. By R. D. Cape, 1875, pp. 104.

Article II. Contributions to the American history of Kerguelen Island, made in connection with the American transit of Venus expedition, 1874-75. By J. H. Kidder M. D., assistant-surgeon, U. S. Navy, 1. Ornithology. Edited by Dr. Elliot Cones, U. S. Army, 1875, pp. 51.

Article III. Contributions to the Natural history of Kerguelen Island, made in connection with the U. S. Transit of Venus Expedition, 1874-75. By J. Kidder. II. 1876.

SMITHSONIAN MISCELLANEOUS COLLECTIONS.—(*Continued*).

Article V. Catalogue of the Fishes of the Ber-
mudos, based upon the collections of U. S.
National Museum, by G. Brown, 1876, pp. 82.

Article VI. Classification of the collection to
illustrate the animal resources of the U. S.
A list of the substances derived from the
animal Kingdom, with synopsis of the useful
and injurious animals, and a classification of
the methods of capture and utilization. By
G. Brown. 1876. pp. 126.

Article VII. Contributions to the natural history of the Hawaisan and fanning islands
and lower California, made in connection
with the U. S. North Pacific surveying expedition, 1873-75. By F. H. Street, 1877, pp.
172.

Article VIII. Index to the names which have
been applied to the subdivisions of the class
Brachiopoda, excluding the Ruetistes previous to the year 1877. By W. H. Dall. 1877,
pp. 88.

Article IX. Contributions to North American
ichthyology. Based primarily on the collections of the U. S. National Museum. 1. Re-
viero of Rafinesque's memoirs on North
American fishes. By David Jordan, 177. pp.
53.

Article X. Contributions to North American
ichthyology. Based primarily on the collections of the United States National Museum. II. A. Notes on Cottidæ, Etheosto-
matidæ, Percidæ, Centrarchidæ, Aphredo-
deridæ, Dorosomatidæ, and Cyprinidæ, with
revisions of the genera and descriptions of
new or little known species. By -——
Synopsis of the Siluridæ of the fresh waters
of North America. By D. J. Jordan, 1877,
pp. 120.

SMITHSONIAN MISCELLANEOUS COLLECTIONS.—(*Continued*).

Vol. XIV.

Article I. (254). Synopsis of American wasps.
Solitary wasps. By H. de Saussure. 1875.
pp. 430.

Article II. (283). Catalogue of the fishes of the
east coast of North America. By Theod.
Gill, 1873. pp. 56.

Article III. (288). The constants of nature.
Specific gravities, boiling points, and mel-
ting points. First supplement to part 1. By
F. W. Clarke. 1875. pp. 62.

Article IV. (276). The constants of nature. Part.
II. A table of specific heats for liquids.
Compted by F. W. Clarke. 1876, pp. 58.

Article V. (289). The constants of nature.
Part. III. Tables of expansion by heat for
solids and liquids. Compted by Clarke, 1876.
pp. 58.

Article VI. (216). Photographic portraits of
North American indian in the gallery of the
Smithsonian institution. 1867. pp. 42.

Article VII. (301). List of publications of the
Smithsonian Institution, 1877. pp. 72.

Article VIII. (311). Index catalogue of books
and memoirs relating to Nebulæ and clus-
ters, etc. By Ed. S. Holden, 1877. pp. 126.

Vol. XV.

Advertisement..Page VII·

Article I. (255). Bibliographical index of North
American Botany ; or citations of authorities
for all the recorded indigenous and natura-
lised species of the Flora of North America,
with a chronological arrangement of the
Synonymy. By Sereno Watson. Part I.
Polypetalæ, 1878, pp. 484.

SMITHSONIAN MISCELLANEOUS COLLECTIONS.—*(Continued)*.

Article II. (266). The Toner lecturer. Lecture I. On the structure of cancerous tumors and the mode in which adjacent parts are invaded. By J. J. Woodward, 1873, pp. 44.

Article III. (291). The Toner lectures Lecture II. Dual character of the brain. By C. E. Brownsequart, M. D., 1877, pp. 25.

Article IV. (279). The Toner lectures. Lecture III. On strain and over-action of the heart. By J. U. DaCosta. M. D , 1874, pp. 32.

Article V. (282). The Toner lectures. Lecture IV. A study of the nature and mechanism of fever. By Horatio C. Wood, M. D., 1875, pp. 50.

Article VI. (300). The Toner lectures. Lecture IV. On the surgical complications and sequels of the continued fevers. By Wm. W. Keen, M. D., 1877, pp. 72.

Article VII. (302). The Toner lectures. Lecture VI. Subcutaneous surgery : its principles and its recent extension in practice. By William Adams, M. D., 1877, pp. 20.

Article VIII. (309). List of foreign correspondents of the Smithsonian Institution Corrected to January, 1878, pp. 121.

Article IX. (316). Circular in reference to American Archeology, 1878, pp. 15.

Article X. (319). Circular of inquiries relative to natural history of the American Crawfish and other fresh water Crustacea, 1878, pp. 8.

Article XI. (320). Circular relating to collections of living reptiles, 1878, pp. 2.

Vol. XVI.

Advertisement ....Page Vll.

SMITHSONIAN MISCELLANEOUS COLLECTIONS.—(*Continued*).

Article I. (253). Land and fresh-water shells of North America. By George W. Tryon, jr. Part IV. Strepomatidæ (American Melanians). 1873. pp. 490.

Article II. (270). Catalogue of the described diptera of North America. By C. R. Osten Sacken. (Second Edition) 1878. pp. 324.

Article III. (321). The Toner lectures. Lecture VII. The nature of reparatory inflammation in arteries after ligature, ampressure, and torsion. By Edward O. Shakespeare, M. D., 1879. pp. 74.

Article IV. (324). Circular relative to scientific and literary exchanges. 1879. pp. 2.

Article V. (325). Business arrangements of the Smithsonian institution. 1879. pp. 7.

Article VI. (334). List of described species of humming birds. By D. Giraud-Elliot, 1879. pp. 22.

Article VII. (335). List of the principal scientific and literary institutions in the United States. May, 1879. pp. 6.

Article VIII. (344). List of publications of the Smithsonian institution. July, 1879. pp. 18.

Vol. XVII.

Avertisement........ .... Page VII.

Article I. The Smithsonian institution : Documents relative to its origin and History, Edited by William J. Rhees, 1879, pp. 1027.

SMITHSONIAN INSTITUTION. Annual reports of the board of regents to the Senate, showing the operations, expenditures, &c., for the year 1873, 74, 75, 76. 4 vols. in-8. *Washington.*

SMITHSONIAN contribution to knowledge. Vol. XIV to XXII. 8 vols. in-4to. *Washington.* 1865–1880.

Contents: Vol. XIV.

, Article 1. Introduction, pp. 16.

Article 2 & 3. Discussion on the Magnetic and Meteorological observations made at the Girard college Observatory, Philadelphia. In 1840 to 1845.

Article IV. On the construction of a silvered Glass Telescop, fifteen and a half inches in aperture, and its use in celestial photography.

Article. V. Paleontology of the [upper Missouri. A report upon collections made principally by the expedition under command of Lieut. G. K. Warren, U. S. Top. Engrs, in 1855 and 1856. Invertebrates, by E. B. Meek and F. V. Hayden, M. D. Part 1, pp. 158, and five plates. (Published April, 1865).

Article VI. Cretaceous reptiles of the United States. By Joseph Leidy, M. D., professor of anatomy in the University of Pennsylvania, curator of the academy of natural sciences of Philadelphia. Pp. 140, and 20 plates. (Published May, 1865).

Vol. XV.

Article I. Introduction, pp. 16.

Article II. An investigation of the Orbit of Neptune, with general tables of its motion. By Simon Newcomb, professor of Mathematics, United States Navy. Pp. 116. (Published January 1866).

Article III. On the fresh-water glacial drift of North Western States. By Chs. Whittlesey. Pp. 32. Two plates and eleven wood-cuts. (Published May, 1866).   •

SMITHSONIAN CONTRIBUTION TO KNOWLEDGE. — (*Continued*).

Article IV. Geological researches in China, Mongolia, and Japan, during the years 1862 to 1865. By Raphael Pumpelly. Pp. 170. Nine plates and eighteen wood-cuts. (Published August, 1866).

Article V. Physical observations in the Artic Seas. By Isaac J. Hayes, M. D., commanding expedition, made on the West Coast of the North Greenland, the vicinity of Smith Strait and the west side Kennedy Channal, during 1860 and 1861, reduced and discussed at the expense of the Smithsonian Institution, by Charles A. Schott, Mont. Cr. Phil. Soc. Pg. 286. Six plates, and fourteen wood-cuts. (Published June, 1867).

Vol. XVI.

Article I. Introduction pp. 16.

Article II. The Gray substance of the Medulla oblongata and trapezium. By John Dean, U. D. Accepted for publication August, 1863. Published February, 1864, 4to. pp. 80. Sixteen plates, five wood-cuts.

Article III. Results of meteorological observations made at Brunswick, Maine, between 1807 and 1859. By Parker Cleaveland, LL. D. Reduced and discussed at the expense of the Smithsonian institution, by Charles A. Schott. Accepted for publication December, 1866. Published May, 1867, 4to. pp. 69. Eight wood-cuts.

Article IV. Results of Meteorological observations made at Marietta, Ohio, between 1826 and 1859, inclusive. By S. P. Hildreth, M. D. to which are added results of observations taken at Marietta by Mr. Joseph Wood, between 1817 and 1823. Reduced and des-

SMITHSONIAN CONTRIBUTION TO KNOWLEDGE.—(*Continued*).

cussed by the Smithsonian institution. By Charles A. Schott. Accepted for publication June 1867. Published September, 1867. 4to pp. 22 fourteen wood-cuts.

Article V. On the Gliddon Mummy Case in the museum of the Smithsonian Institution. By Charles Pickering. Accepted for publication June 1867. Published June, 1869 4to. pp. 6. One Plate.

Article VI. The orbit and Phenomena of a Meteoric fire-Ball, seen July 20, 1860. By Professor James H. Coffin, LL. D. Accepted for publication, July, 1868. Published May, 1869 4to. pp. 56. Two plates, two wood-cuts.

Article VII. On the Transatlantic Longitude. By Benjamin Apthorp Gould. Accepted for publication February 1869. Published October, 1869 4to pp. 110.

Article VIII. The Indians of Cape Flattery, at the entrance of the Strait of Fuca, Washington territory By James G. Swan. Accepted for publication, June, 1868. Published March, 1870, 4to. pp. 118. Fourty-fourwood-cuts.

Vol. XVII.

Article I. Introduction. pp. 14.

Article II. Systems of consanguinity and affinity of the human family. By L. Morgan. 1870. pp. 602. Fourteen plates and six diagrams.

Vol. XVIII.

Article I. Introduction, pp. 16.

Article II. Tables and results of the precipitation, in rain and snow, in the United States; and at some stations in adjacent parts of North

America, and in Central and South America. Collected by the Smithsonian Institution, and discussed under direction of Joseph Henry, secretary. (Published, March, 1872, 4to. Eight diagrams, five plates, and three charts.

Article III. Memoir on the secular variations of the elements of the orbits of the eight principal Planets, Mercury, Venus, the Earth, Mars, Jupiter, Saturn, Uranus, and Neptune; with tables of the same. Together with the obliquity of the ecliptic, and the precession of the Equinoxes in both longitude and right ascension. By J. N. Stockwell, U. A. Accepted for publication, December, 1870. Published June, 1872. 4to. Pp. 214.

Article IV. Observations on terrestrial magnetism and on the deviations on the Compass of the United States Iron Clad Monadnock, during her cruise from Philadelphia to San Francisco, in 1865 and 1866. By William Harkness, M. D. Accepted for publication September, 1871. Published April, 1873. 4to. pp. 225. With 2 diagrams.

Article V. Converging series expressing the Ratio between the diameter and the circumference of a circle. By William Ferrel. Accepted for publication April, 1870. Published April, 1871. 4to. pp. 6.

Vol. XIX.

Article I. Introduction. Pp. 16.

Article II. (No. 200). Problems of rotary motion, presented by the Gyroscope, the Precession of the Equinoxes, and the pendulum. By Brevet Maj.-General J. G. Barnard, colonel of Engineers, U. S. A., A. M., LL. D., member of National Academy of Sciences, 1871–1873. 4to., pp. 74.

Article III. (No. 241.) A Contribution to the history of the fresh-water Algæ of North America. By Horatio C. Wood jr., M. D. professor of botany, and clinical lecturer on diseases of the Nervous System in the university of Pensylvania; Physician to the Philadelphia Hospital, etc. October 1872, 4to. pp. 274. Twenty one colored plates.

Article IV. (No. 262). An investigation of the orbit of Uranus, with ·General Tables of its motion. By Simon Newcomb, Professor of Mathematics, United States navy. October, 1873, 4to. pp. 296.

Vol. XX.

Introduction pp. 15.

Series A. Alphabetical list of stations, with their latitude, longitude, height above sea, and references.

Series B. General Tables, containing results of observations grouped in zones of latitude of 5° each Northern hemisphere, zones 1 to 18

Series C. Velocity Tables. Discussion and Analysis of professor Coffin's tables and charts, by Dr. Alexander J. Woeikof, late secretary of Meteorological committee of the imperial Geographical Society of Russia.

Explanation of Maps and Diagrams. Appendix, Plates illustrating the text, 1 to XXVI.

Vol. XXI.

Article I. Introduction, pp. 16.

Smithsonian Contribution to Knowledge.—(*Continued*).

Article II. (No. 280). Statement and exposition of certain harmonies of the Solar System. By Stephen Alexander, LL. D , Professor of Astronomy in the college of New Jersey, 1874-1875, 4to pp. 104.

Article III. (No. 281). On the general integrals of planetary motion. By Simon Newcomb, professor of Mathematics United States Navy. 1874. 4to. pp. 40.

Article IV. (No. 267). The Haidah Indians of Queen Charlotte's Islands, British Columbia : with a brief Description of their Carvings, Tattoo Designs, &c. By James G. Swan, Port Townsend, Washington Territory. 1864 4to. pp. 22.

Article V. (No. 277). Tables, distribution and variations of the Atmospheric Temperature in the United States, and some adjacent Parts of America. Collected by the Smithsonian institution, and discussed under the direction of Joseph Henry, secretary, B. C. A. Schott, assistant U. S. Coast Survey ; member Nat. Acad. of Sci., Am. Phil. Soc. of Philadelphia and Washington, and of academy of Sciences of Catania Sicily, 1875. 4to. pp. 360. Nine diagrams, two plates, three Charts.

Vol. XXII.

Article I. Introduction, pp. 16.

Article II. (259). Explorations of the Aboriginal remains of Tennessee. By Joseph Jones, M. D. Published October, 1876. 4to. pp. 181. Ninety five wood-cuts.

Article III. (269). The sculptures of Santa Lucia Cosumalwhuapa in Guatemala. With

SMITHSONIAN CONTRIBUTION TO KNOWLEDGE. — (*Continued*).

an account of travels in central America
and on the western coast of south America·
By S. Habel, M. D. Published February,
1878. Eight plates and twenty-fixe figures.

Article IV. The Archæological collection of the
United States National Museum, in charge
of the Smithsonian Institution, Washington,
B. C. By Charles Rau Published August,
1876. 4to., pp. 118. Three hundred and
forty wood-cuts.

Article V. (331). The Palenque tablet in the
United States National Museum, Washington, D. C. By Charles Rau. Published
November, 1879. 4to., pp. 91. Two plates,
thirty-nine wood-cuts.

Article VI. (318) On the remains of Later
Pre-historic man, obtained from Caves in the
Catherina Archipelago, Alaska territory, and
especially from the Caves of the Aleutian
Islands. By W. H. Dall Published January,
1876. 4to., pp. 44. Ten plates.

ANTHROPOLOGIE, ZOOLOGIE.

Adan (H. Ph.). Le monde invisible dévoilé. Révélations du
microscope. Ouvrage enrichi de 24 grandes planches
contenant plus de 300 fig. ainsi que des gravures
intercalées dans le texte. In-8. Braine-le-Comte, 1879.

ANNUAL REPORT of the trustees of the Museum of comparative
zoology, together with the report of the director, 1862,
in-8, *Boston*. (18 pages). *Pamphlets on science and industry.*

Barrande (Joachim). On the primordial Fauna and the taconic
system, with additional notes by Jules Marcou. In-8.
Boston, 1860. (12 pages). Pamphlets on science and
industry.

Browne (D. J.) The american bird fancier : Illustrated with engravings. In-12, (105 pages). *New-York.*

Dawson (J. W.) Fossil men and their modern representatives. An attempt to illustrate the characters and condition of pre-historic men in Europe, by those of the American races. Gd. In-12, *Montreal.* 1880.

———————— The dawn of the life ; being the history of the oldest known fossil remains and their relations to geological time and to the development of the animal kingdom. In-12. *Montreal*, 1875.

Figuier (Louis). Connais-toi toi-même. Notions de physiologie. Ouvrage illustré. In-8. *Paris*, 1879.

Gérard (Jules). La chasse aux lions. Voir : *Littérature : Critiques, drames, romans, nouvelles.*

Girdwoyn (Michel). Anatomie et physiologie de l'Abeille. 12 planches en lithographie. Folio. *Paris*, 1876.

LeBaron (Wm.). Fourth annual report on the noxious and beneficial insects of the State of Illinois. In-8. *Springfield*, 1874.

LeMoine (J. M.) Catalogue of Birds, Medals, Woods, &c., in the Museum of the literary and historical society of Quebec. (23 pages). 8vo. *Montréal*, 1878. B. C. Vol. 179.

Les Oiseaux du Canada (Québec et Ontario). Tableau synoptique préparé à l'usage des écoles de la province de Québec, par J. M. LeMoine. Une grande feuille.

Macé (Jean). Les serviteurs de l'estomac, pour faire suite à l'histoire d'une bouchée de pain. In-8. *Paris.*

Provancher (l'abbé L.) Additions et corrections à la Faune Coléoptérologique de la province de Québec. (38 pages)· 8vo. *Québec*, 1879. B. C. Vol. 200.

——————— Les oiseaux insectivores et les arbres d'ornement. In-8. (30 pages). *Québec*, 1874. B. C. Vol. 179.

Smithsonian Miscellaneous collections. 17 vols. In-8. Voir : *Histoire naturelle. Natural history.*

SMITHSONIAN Contribution to Knowledge. vols. 14 to 22 format In-4to. Voir : *Histoire naturelle en général : Natural history.*

BOTANIQUE.

Coutance (A.). L'olivier. Histoire, botanique, régions, cultuie, commerce, etc. Ouvrage orné de 120 vignettes· Royal In-8. *Paris.* 1877.

Dawson (J. W.) Alpine and Artic plants : A lecture. 1862. In-8' *Montréal.* (25 pages). (Pamphlets on science and industry.)

Ecorchard (le docteur). Flore régionale de toutes les plantes qui croissent spontanément, ou qui sont généralement cultivées en pleine terre dans les environs de Paris. et divers départements. Vol. 1er. In-8, *Paris.* 1877-78,

Gillet (M.) et **Magne** (J. H.). Nouvelle flore française, descriptions succintes et rangées par tableaux dichotomiques des plantes qui croissent spontanément en france, et de celles qu'on y cultive en grand, avec l'indication de leurs propriétés et de leurs usages. 2e édition. In-18, *Paris,* 1868.

Lippens (Bernard). Tableau des arbres forestiers les plus communs et les plus utiles du Canada. Publié par le dépôt de livres. Une grande feuille. *Québec.*

Marion (Fulgence). Les merveilles de la végétation, (46 Gr.) 3e édit. In-12, *Paris.* 1872.

Orbigny (Alcide d'). Voyage dans les deux Amériques. 2e édition. In-4to. *Paris,* 1867.

Provancher (l'abbé L.) Additions et corrections à la Faune Coléoptérologique de la province de Québec, 1877. In-8. *Québec,* 1877. (38 pages).

SMITHSONIAN MISCELLANEOUS COLLECTIONS. 17 vols. in-8. Voir: *Histoire naturelle en général. Natural history.*

SMITHSONIAN CONTRIBUTION TO KNOWLEDGE. vols. 14 to 22 format in-4to. · Vide : *Histoire naturelle en général. Natural history.*

Agassiz (L.). Contributions to the Natural History of the United States. In-8. *Cambridge*, 1880. (15 pages). Vol. Pamphlets on science and industry.

ANNUAL REPORT of the board of request of the Smithsonian Institution, showing the operations, expenditures, and condition of the Institution, for the year 1878. In-8. *Washington*, 1879.

Berthoud (S. Henry). Les petites chroniques de la Science. Nouvelle édition. 1ère année (1861) à 10e et dernière année (1872.) 10 vols. in-18. *Paris.*

Chapman (W) Mines d'or de la Beauce. Accompagné d'une carte topographique.—Gold mines of Beauce. In-18. *Lévis*, 1881. B. C. Vol. 215.

COMMISSION GÉOLOGIQUE du Canada, (Alfred R. C. Selwyn, directeur). Rapport des opérations de 1876-77. Gd. in-8.

——————Rapport des opérations de 1877-78. Gd. In-8.

Dawson (J. W.). Natural History in its educational aspects. (Extracts from a lecture) 1857. 8vo. (Pages 429 to 436). Voir : vol. Pamphlets on science and industry.

.—————— On the newer pliocene and post pliocene deposits of the vicinity of Montreal, with notices of fossils recently discovered in them. In-8. *Montreal*, 1858 (28 p.) Vol. *Pamphlets on science and industry.*

DICTIONNAIRE GÉNÉRAL des Sciences théoriques et appliquées. Voir : *Encyclopédies.*

Dupaigne (Alb.). Les montagnes. Sept cartes en couleurs hors texte : illustrations dans le texte. 2e édition. Gd. 8vo. *Paris*, 1874.

Flynn (Hon.). Projet de loi concernant les mines. In-8. *Québec* 1880. (8 pages).

GEOLOGICAL SURVEY OF CANADA. Report of progres for 1877-78. In-8. *Montreal*, 1879.

———————————— Maps to accompany the report of progress for 1877-78.

———————————— Report of progress for 1878-79. In-8. *Montreal*, 1880.

GEOLOGICAL SURVEY OF MICHIGAN. Upper peninsula, 1869-1873, accompanied by an atlas of maps. 2 vol. Gd. In-8. *New-York.*

———————————— Lower peninsula, 1873-76, accompanied by a geological map. 1 vol. Gd. In-8. *New-York.* 1876.

GEOLOGIE DU CANADA. Rapport de T. S. Hunt. (1852-53). Rapport du comité spécial sur les moyens de rendre publics les renseignements déjà recueillispar l'exploration géologique, etc. In-8. *Québec*, 1852-53.

———————————— Rapports de progrès, 1857. In-8. *Toronto*, 1870-71.

GOLD IN CANADA. The Chaudière valley and its mineral wealth. (From the columns of the Quebec *Morning Chronicle* for February, 1880. Br. In-8. (92 pages). *Quebec.* 1880.

Gossin (Louis). Eléments d'histoire naturelle, avec nombreuses applications à l'agriculture et à l'industrie. Ouvrage orné de figures dans le texte. In-12. *Paris*, 1868.

Hall (Frederick). Catalogue of minerals found in the state of Vermont and in the adjacent states, together with their localities, &c. In-8. *Hartford*, 1824. (44 pages). Dans le volume intitulé : *Pamphlets on science and industry.*

Hoy (Henry). The mineralogy of Nova Scotia. A report to the government. In-8. *Halifax*, 1869.

Hunt (T. S.). Researches on Gypsums and magnesian rocks (from the journal of science and art. 1858. (37 pages). In-8. (Vol. Pamphlets on science).

Hunt (T. S.) Contributions to the history of oxphotide and saussurites. (15 pages). In-8, 1859. Vol. Pamphlets on science.

———————— On some points in chemical geology. In-8. *Montréal*, 1859. (15 pages). Vol. Pamphlets on science and industry.

Jackson (Dr. E. T.) Black River Copper Mining Company (Geological Survey and Report). October, 22, 1862. In-8. *Boston*, 1867.

Laflamme (l'abbé J. C. K.). Eléments de minéralogie et de géologie. In-18. *Québec*, 1881.

Marcoux (Jules). Reply to the criticisms of Jas. D. Dana. Including Dana's two articles with a letter of Agassiz. In-8, *Zurich* 1859. (40 pages). Vol. Pamphlets on science.

MICHIGAN GEOLOGICAL SURVEY. Voir : *Droit américain :* MICHIGAN.

MINES. Acte général des mines de Québec de 1880. In-8. *Québec*, (46 pages). B. C.

NEW-YORK STATE MUSEUM of natural history. Voir : *New-York*.

NOUVELLES ARCHIVES du muséum d'histoire naturelle, publiées par MM. les professeurs-administrateurs de cet établissement. (2e série, tome deuxième, 1er et 2e fascicules.) 2 vols. Gd. In-4o. *Paris*, 1879.

Pesnelle (l'abbé Eug.). La science contemporaine et le dogme de la création. Voir : *Philosophie, Morale.*

PLAN shewing the distribution of the plumbage and phosphate of lime rocks, and the position of the most important mining locations, in the townships of Buckingham, Portland and Templeton, *Ottawa*, county. Une feuille.

RAPPORT sur les progrès de la stratigraphie, par Elie de Beaumont. Gd. in-8. *Paris*, 1869.

Sachot (Octave). L'île de Ceylan et ses curiosités naturelles. Nouvelle édition, ornée de gravures. In-8. *Paris*, 1877.

Simonin (L.). La vie souterraine, ou les mines et les mineurs. Ouvrage illustré de 164 gravures sur bois, de 30 cartes en couleur et de 10 plans chromolith. 2e édition. In 4to. *Paris,* 1867.

SMITHSONIAN MICELLANEOUS COLLECTIONS. 17 vols. in-8. Voir: *Histoire naturelle en général.—General Natural History.*

SMITHSONIAN CONTRIBUTION TO KNOWLEDGE. Vol. 14 to 22. format In-4to. *Histoire narurelle en général.—General Natural History.*

THE CHAUDIERE VALLEY and its mineral wealth. (92 pages). 8vo. *Quebec,* 1880. B. C. Vol. 194.

INDUSTRIE.

Barnard (E. A.). Du sucre de betteraves et de sa production économique dans la province de Québec. Suivi d'un rapport général sur la valeur des betteraves à sucre récoltées en 1876, dans la province de Québec et de deux rapports supplémentaires, par Oct. Cuiset. Gd. in-8. (30 pages). B. C. Vol. B.

Barnard (Major J. G.). Analysis of rotary motion as applied to the gyroscope. (Reprinted from Barnard American journal of education.) Vol. Pamphlets on science and industry.

BREVETS. Règlements et formules, " Acte de 1872 amendé etc., etc. Vide : *Droit canadien.* B. C. vol. 199.

CANADIAN PATENT OFFICE RECORD (The). Vol. VIII. (1880). In-4to. *Ottawa.*

Chamberlan (B.). Chambre des Arts et Manufactures du Bas-Canada. Rapport du sous-comité présenté à l'assemblée de la chambre tenue le 4e jour de janvier 1859. (56 pages) 8vo. *Montréal,* 1859. B. C. 202.

Chandelon (J. T. P.). Recherches sur la composition de la poudre à tirer. In-8. Liége, 1880 (19 pages). (Vol. Pamphlets on science and industry).

CIRCULAIRE du bureau des brevets d'invention, contenant l'acte de la propriété littéraire et artistique de 1868.

L'acte des marques de commerce et des desseins de fabrique, de 1868.

L'acte des brevets d'invention de 1869 avec table des matières. 8vo. *Ottawa*, 1869.

CONSTITUTION and by laws of the New Orleans, 1854. (22 pages). (Vol. Pamphlets on science and industry).

DICTIONNAIRE GÉNÉRAL des sciences théoriques et appliquées. Voir : *Encyclopédie.*

DIRECTION GÉNÉRALE des manufactures de l'état. Compte de l'exploitation du monopole des tabacs pour 1873. In-4to. *Paris*, 1878.

Du Moncel (le cte. Th.). L'éclairage électrique. Ouvrage illustré. 2e édition. In-12. *Paris*, 1880.

Faraday (Michael). Experimental researches on electricity. Reprinted from the Philosophical Transactions of 1831–38. 8 vols. in-8. *London*, 1839. Voir : *Physique et Chimie.*

Figuier (Louis). L'année scientifique et industrielle. 20e, 21e, 22e et 23e années, 1876, 77, 78 et 79. 4 vols. in-12. *Paris.*

Fontaine (Hippolyte). Eclairage à l'électricité. Renseignements pratiques. 81 gravures dans le texte. 2e édition. Royal in-8. *Saint-Ouen*, 1879.

Fortin (Hon. P.). System of Telegraphs and Semaphores. (24 pages). 8vo. *Québec*, 1870. B. C. Vol. 193.

GOLD'S PATENT steam heating apparatus, for warming private residences, stores, churches, &c. In-8. *New-York*. (52 pages). Voir : Pamphlets on science and industry.

Gordon (J. E. H·). A physical treatise on electricity and magnetism. 2 vols. in-8. *London*, 1880.

Gossin (Louis). Eléments d'histoire naturelle, avec nombreuses applications à l'agriculture et à l'industrie. Ouvrage orné de figures dans le texte. In-12. *Paris*, 1868.

INSTITUT DES ARTISANS. Entretien sur les arts industriels. (26 pages). In-12. *Montréal*, 1870. B. C. Vol. 180.

INSTRUCTIONS for extinguishing fires in the different wards of the city. (15 pages). In-12. *Quebec*, 1859. B. C. Vol. 195.

Lasteyrie (Ferd. de). Histoire de l'orfèvrerie depuis les temps reculés jusqu'à nos jours. Ouvrage illustré de 62 gravures. In-18. *Paris*, 1877.

Laurencin (Paul). Le télégraphe terrestre, sous-marin, pneumatique. Histoire, principes, mécanisme, etc. In-32. *Paris*, 1877.

Lhomond. Eléments de la grammaire française entièrement revue, corrigée et augmentée par J. B. Cloutier. In-18 *Québec*, 1879.

Maigne (P.). Histoire de l'industrie et exposition sommaire des progrès réalisés dans les principales branches du travail industriel. 2e édition. In-18. *Paris*, 1874.

Martindale (Lt. Col. B. H.). Engineering and engineers. A paper read before the literary and historical society of Quebec, April 12th 1871. In-8. *Quebec*. (27 pages).

MECHANICS' INSTITUTE OF MONTREAL. Thirty-Ninth annual report, with an abstract of proceedings of annual meeting. 14 pages 8vo. *Montreal*, 1878. B. C. 174.

Monteil (Alexis). Histoire de l'industrie française et des gens de métiers. Avec introduction, supplément et notes par Charles Louandre. Illustration et facsimile par Gerlier. 2 vols. 8vo. *Paris*.

Planté (Gaston). Recherches sur l'électricité. (Avec 76 figures dans le texte.) In-8. *Paris*, 1879.

Poiré (Paul). Simples lectures sur les principales industries. (163 gravures). 3e édition. In-18. *Paris*, 1878.

Poncelet J. V.). Cours de mécanique appliquée aux machines. In-8. *Paris*, 1874.

Prescott (George B.). The speaking telephone, electric light and other recent electrical inventions. With illustrations. In.8. *New-York*, 1879.

PROCEEDINGS of the New-Orleans Academy of Sciences. In-8 *New-Orleans*, 1854. (71 pages). (Vol. Pamphlets on Science and Industry).

RAPPORT du sous-comité de la chambre des Arts et Manufactures du Bas-Canada, présenté à l'Ass. de la Chambre, le 4 janvier 1859, etc., (par B. Chamberlin). In-8. *Montréal*, 1859. (56 pages).

REPORT of the special committee of the New Orleans Academy of Sciences, 7th December, 1857. In-8. *New-Orleans*, 1858. (13 pages). (Vol. Pamphlets on science and industry).

Riddell (J. L.) Annual address read before the New-Orleans Academy of Science, 1856. In-8. (8 pages). Vol. *Pamphlets on science and industry.*

SCIENTIFIC AMERICAN HAND BOOK (the). A treatise relating to patents, caveats, designs trade-marks, copyrights labels, &. In-64. *New-York*, 1879. Vol.

Slater (Robert). Telegraphic Code to ensure secresy in transmission of telegrams. 2e edition. In-18, *London*. 1879.

Stammer (Charles). Traité complet de la fabrication du sucre. Guide du fabricant. Supplément à la 1er édition, Br. Gr. In-8.

> Deuxième supplément, compte rendu des progrès de la science et de l'industrie sucrière pour 1873 et 1874. B. Gd. In-8. 1875.

Tessier (Ulric J.) Essai sur le commerce et l'industrie du Bas-Canada. In-12. *Québec*, 1854. (23 pages). B. C. Vol. 205.

Urquhart (J. W.). Electric light, its production and use embodying plain directions for the working of galvanic batteries, electric lamps, and dynamo-electric machines, with 94 illustrations. In-12. *London*, 1880.

VENTILATION. Traité sur le système de ventilation " Howard " pour l'expulsion de l'air corrompu à mesure qu'il se produit et l'introduction simultanée de l'air pur dans des proportions égales, sans courants d'air sensible. In-12. *St. Jean*, 1871. B. C. Vol. 216. (16 pages).

JEUX ET ARTS D'AGRÉMENT.

Bainbridge (Geo. C.). The fly fisher's guide, illustrated by coloured plates, representing upwards of party of the most useful flies, accurately copied from nature. In-8. *Liverpool*, 1816.

LITTERATURE.

—

CLASSIQUES.

Démosthènes. Plaidoyers politiques. Traduits en français avec arguments et notes, par O. d'Oreste. 2 vols. Iu- 1. *Paris*, 1879.

Planche. Littérature grecque ou recueil des plus beaux passages de tous les auteurs les plus célèbres. Avec la traduction française en regard, et une notice historique et littéraire sur chaque auteur. 7 vols. in-8. *Paris*.

PROGRÈS DES ÉTUDES CLASSIQUES et du moyen-âge, philologie celtique, numismatique. Gd. in-8. *Paris*, 1868.

RECUEIL DE RAPPORTS sur les progrès des lettres et des sciences en France. Voir : *Droit français, Rapports officiels.*

PHILOLOGIE.

Baraga (R. R. Bishop). A grammar and dictionary of the Otchipure language. A new edition, by a missionary of the Oblates. In-12. *Montreal*, 1879.

Gingras (J. F.). Manuel des expression vicieuses les plus fréquentes. In-32. *Outaouais*, 1867. B. C. Vol. 217.

———————— Manuel des expressions vicieuses les plus fréquentes. In-32. *Ottawa*, 1880. (44 pages).

GRAMMAIRE. (La grammaire de l'Académie par Bonneau et Lucan, revue par M. Michaud. In-18. *Québec*, 1873.

GRAMMAR. Elements of latin grammar, with notes. A new edition. In-32. *London*, 1823.

Halliwell-Phillipps (J. O.). New lamps or old? A few additional words on the momentous question respecting the *E* and the *A* in the name of our national dramatist. (2nd edition). *Brighton*, 1880. (40 pages. In-8).

Jal (A.). Glossaire nautique. Répertoire polyglotte de ;termes de marine anciens et modernes. Gd. In-4to. *Paris*, 1848. (1600 pages).

LANGUE FRANÇAISE EN CANADA, (La). Mémorial des Vicissitudes et des Progrès de la langue française en Canada. (128 pages). In-12. *Montréal*, 1879. B. C. 180.

Marty-Laveaux (Ch.). Grammaire élémentaire. In-32. *Paris*, 1877.

Souviron (Alfred). Dictionnaire des termes techniques de la science, de l'industrie, des lettres et des arts. In-8. *Paris*.

Tardivel (J. P.). L'anglicisme, voilà l'ennemi. Causerie faite au Cercle Catholique de Québec, le 17 décembre, 1879. In-12. (28 pages). *Québec*, 1880. B. C. Vol. 191.

TRAITÉ D'ÉLOCUTION indiquant les moyens d'obtenir une bonne émission de voix, de corriger tous les accents vicieux, tous les accents étrangers. (50 pages). 8vo. *Montréal*, 1870. B. C. Vol. 202.

POÉSIE.

Arioste. Roland furieux. Traduction de Panckoucke et Franery, nouvellement revue et corrigée. Avec une notice sur la vie d'Arioste, par Antoine de Latour. 2 vols. in-18. *Paris*, 1842.

Augier (Emile). L'aventurière. Comédie en quatre actes en vers. Nouvelle édition. In-12. *Paris*, 1866.

Baillargé (Maurice). Derniers adieux de Graziella, suivis de quelques autres poésies détachées. (76 pages). 8vo. *Québec*, 1879. B. C. Vol. 174.

Barthe (Aurèle). Bientôt je dormirai le dernier des sommeils. Romance avec musique, Une feuille in-4to.

Berchoux (J. de). La gastronomie. Poëme en quatre chants, Avec notice par Felix Desvernay. In-12. *Paris*, 1876.

Bladé (J. F.). Poésies populaires en langue française, recueillies dans l'Armagnac et l'Agenais. In-8 jésus. *Paris*, 1879.

Bornier (Vte Henri de). Les noces d'Attila. Drame en quatre actes, en vers. 9e édition. In-8. *Paris*, 1880.

———————————— La fille de Roland. Drame en quatre actes, en vers. 40e édition. Gd. in-8. *Paris*, 1880.

Casgrain (l'abbé H. E.). Les miettes. In-12. *Québec*. B. C. Vol. 173.

Chapelle et Bachaumont. Voyage publié par D. Jouaust. In-32. *Paris*, 1874.

Dumas (Alexandre) et **Meurice** (Paul). Hamlet prince de Danemark. Drame en vers, en cinq actes et huit parties. In-4to. (30 pages), *Paris*.

Gagnon (Ernest). Chansons populaires du Canada recueillies et publiées avec annotations, etc.........2e édition. In-8. *Québec*, 1880.

Gentil Bernard. L'art d'aimer ; poëme en trois chants. Publié par Marescot. In-12. *Paris*, 1874.

Gresset. Le Méchant. Comédie en cinq actes. Notice par D'Heyli. In-12. *Paris*, 1874.

——————— Ver-vert. Le carême in-promptu. Le lutrin vivant. Notice d'Heyli. In-12. *Paris*, 1872.

Hawly (W. F.). The unknown, or lays of the forest. In-12, *Montreal*, 1831.

Kidd (Adam). The Huron chief, and other poems. In-18. *Montreal*. 1830.

Lacrampe (Frs. Victor). Les chaumes. Vers et prose. In-12.
  Paris, 1863.

La Sablière. Madrigaux suivis d'un appendice et précédés d'une
  préface par Prosper Blanchemain. In-12. *Paris*, 1879.

LeMay (L. Pamphile). La chaine d'or. In-12. *Québec*, 1879. B
  C. Vol. 180.

Longhaye (Le R. P. G.). Théâtre chrétien d'éducation. In-8
  Tours, 1879.

            (3 tragédies en 5 actes et en vers. 2 comédies
             en un acte et en vers).

Mannoury-LaCour (Mme. G.). Solitudes, poésies. 2e édition
  In-18. *Paris*, 1860.

Marsais (A.). Romances et chansons. In-32. *Québec*, 1854.

Oppien. La chasse. Poème traduit en français par M. Belin de
  Ballu; avec des remarques ; suivi d'un extrait de la
  grande histoire des animaux d'Eldémiri, par M. ✳✳✳
  In-8. *Strasbourg*, 1787.

Piron (Alexis). La Métromanie. Comédie en 5 actes, précédée
  d'une notice, par F. de Marescot. In-12. *Paris*, 1876.

Poisson (M. J. A.). Chants Canadiens, à l'occasion du 24 juin
  1880. Petit in-16. *Québec*, 1880. (78 pages). B. C.
  Vol. 207.

Prudhomme (Eustache). Les Martyrs de la foi en Canada. Concours de poésie de 1868, à l'Université Laval. Médaille d'argent. In-8. *Québec*, 1869. (32 pages).

Saman (Wm. P. de). Les nouveaux enchantements. In-12.
  Paris, 1873.

Sulte (Benjamin). Chants nouveaux. In-64. *Ottawa*, 1880. (68
  pages). B. C. Vol. 209.

Tombeau (le) de Théophile Gauthier. Petit in-4to. Paris, 1873.

PROSE.

Archambault (J. L.). Jacques-Cartier ou Canada vengé. Drame historique en 5 actes. In-18. *Montréal*, 1879. B. C· Vol. 195.

. **Bailleul** (L.). Les chasseurs d'ivoire. Gd. in-8. *Paris*, 1876.

Beaconsfield (R. H. the earl of). Endymion. Canadian copy right edition. In-8. *Montreal*, 1880.

Beaumarchais (de). Clavijo. Préface par De Lescure. In-12. *Paris*, 1880.

Bernadille. Esquisses ot croquis parisiens. Petite chronique du temps présent. 2 vols. in-12. *Paris*, 1876.

Berthet (Elie). Les petits écoliers dans les cinq parties du monde. Royal 8vo. *Paris*, 1878.

Berthoud (S. Henry). Les petites chroniques de la science. Nouvelle édition. (1ère année 1861, à 10e et dernière année 1872). 10 vols. in-8. *Paris*.

————————— Contes du docteur Sam. (Illustré). Royal 8vo. *Paris*.

————————— L'homme depuis cinq mille ans. (Illustrations de Yan D'argent. Royal 8vo. *Paris*.

————————— Les femmes des Pays-Bas et des Flandres. In-12. *Paris*, 1862.

Blain de St-Aubin (Emm.). Le bien et le mal qu'on a dit des femmes. (Causerie). In-32. *Ottawa*, 1874. (15 pages). B. C. Vol. 207.

Bourget (Joseph G.). Passetemps sur les chars. Récits et nouvelles. In-32. *Trois-Rivières*, 1880.

Brassey (Mrs.). A voyage in the " Sunbeam " our home on the ocean for eleven months. With 118 illustrations on wood. (sixth edition). In-8. *Toronto*, 1879.

Cahun (Léon). Les aventures du capitaine Magon, ou une exploration phénicienne mille ans avant l'ère chrétienne. (72 gravures et une carte). In-4to. *Paris*, 1875.

Cazotte (Jacques). Le diable amoureux. Introduction par Piedagnel. In-12. *Paris*, 1874.

Chasles (Emile). Histoire abrégée de la littérature française. Ouvrage rédigé conformément au programme officiel, pour l'enseignement secondaire spécial, (3e année). 2 vol. Gd. 8vo. *Paris*.

Chasles (Philarète). Œuvres. Mémoires, 2e édition. 2 vol. In-12. *Paris*, 1876.

Chevalier (Emile). Drames de l'Amérique du Nord. Les derniers iroquois. Nouvelle édition. In-18. *Paris*, 1862.

Clapin (Sylva). Souvenirs et impressions de voyages. 1ère série. Londres et Paris. In-8. *St-Hyacinthe*, 1880. (45 pages. B. C. Vol. 196.

Colet (Mme Louise). La jeunesse de Mirabeau. In-18. *Bruxelles*, 1812.

Colin (Rév. Père M.). Discours sur l'ouvrier, à l'Institut des Artisans Canadiens. (22 pages). In-32. *Montréal*, 1869. C. C. Vol. 209.

Concours d'éloquence sur l'agriculture. (Institut Canadien de Québec. B. C. Vol. 171.

Constant (Benjamin). Adolphe. Préface par M. De Lescure In-12. *Paris*, 1879.

Croix de Berny (La). Roman Steeple chase. Gentlemen riders : Vte Charles de Launay, Théophile Gauthier, Jules Sandeau, Méry. 2 vols. in-18. *Bruxelles*, 1845.

Cuvillier (Henry). Posthumes et revenants. In-18. *Paris*, 1879.

Debay (A.). Les nuits corinthiennes ou les soirées de Laïs. 3e édition. In-12. *Paris*, 1872.

De Maistre (Xavier). Voyage autour de ma chambre. In-12. *Paris*, 1872.

ELOQUENCE.

DEVOIRS DU CITOYEN. Discours prononcés à la distribution des prix du Séminaire de St. Hyacinthe le 6 juillet 1875. In-8 *St. Hyacinthe*, 1875. (64 pages.) B· C. Vol. 211.

D'Héricault (Ch.). Les mémoires de mon oncle, 1787-1794. Un paysan de l'ancien régime. Un bachelier de Sorbonne. Nouvelle édition. In-18. *Paris*, 1878.

——————et Moland (L.) La France guerrière. Récits historiques d'après les chroniques et les mémoires de chaque siècle. (Gravures sur acier). In-4to. *Paris*.

Diderot. Le neveu de Rameau publié et précédé d'une introduction par H. Motheau. In-12. *Paris*, 1875.

Dumas, fils (Alexandre). La dame aux Camélias. Nouvelle édition. In-12. *Paris*, 1879.

—————————— L'Etrangère. Comédie. 8e édition. In-12. *Paris*, 1880.

—————————— Diane de Lys. Comédie en cinq actes. Nouvelle édition. In-12. *Paris*, 1880.

—————————— Entre'actes. 1ère série. 3 vols. In-18. *Paris*, 1878.

Dupuis (Mlle Eudoxie). Cyprienne et Cyprien. In-32. *Paris*, 1878.

Duras (Mme de). Edouard. Préface par Octave Uzanne. In-32 *Paris*, 1879.

—————————— Ourika. Notice par De Lescure. In-12. *Paris*, 1878.

Duval (George). Histoire de la littérature révolutionnaire, précédée d'une introduction par H. Marchal. In-18. *Paris*, 1879.

Drohojowska (Mme la Ctsse). Causeries du Soir. Histoires et récits à la jeunesse. Ouvrage couronné par la société nationale d'encouragement au bien. In-18. *Paris*, 1876.

Drohojowska (Mme la Ctsse). Mère et fille ou la protection des animaux dans la famille. 2e édition. In-18. *Paris*, 1877.

Enault (Louis). Dans les bois. (Imité de l'Allemand). Edition de luxe. Dessins par Weber; gravures par Sargent. 2e édition. Petit in-4to. *Paris*, 1870.

FARCE DE MAITRE PATHELIN (La). Publiée avec notice, notes et variantes, par P. L. Jacob. In-12. *Paris*, 1876.

Faucher de Saint-Maurice. ·Promenades dans le Golfe Saint-Laurent. 2e édition. In-18. *Québec*, 1880.

Feuillet (Octave). Le Sphinx. Drame. Nouvelle édition. In-12. *Paris*, 1879.

Fiévée (J.) La dot de Suzette, précédée d'une notice de Jules Janin. In-12. *Paris*, 1877.

Fontaine (J. O.) Essai sur le mauvais goût dans la littérature canadienne. In-8. *Québec*. B. C. Vol. 192.

FRANCE (La) ET LE CANADA FRANÇAIS. Discours, etc· Vide : *Economie politique, etc.*

Fréchette (Louis H.). Papineau. Drame historique canadien en quatre actes et neuf tableaux (représenté pour la 1ère fois à Montréal, le 7 juin 1880). In-32. *Montréal*, 1880.

——————————— (en collaboration). Le retour de l'exilé. Drame en cinq actes et huit tableaux. In-32. *Montréal*. 1880.

Gaboriau (Emile). Le 13e Hussards, types, profils, esquisses et croquis militaires......A pied et à cheval, 23e édition. In-12, *Paris*, 1877.

Gautier (Léon). Lettres d'un catholique. 2e série. In-12. *Paris*, 1879.

Gérard (Jules). La chasse au lion. Avec portrait et biographie de l'auteur. Combat d'un tigre contre un lion par Jacques Arago. In-32. *Québec*, 1864.

Godefroy (Fr.). Prosateurs français du XIXe siècle. (Couronné par l'Académie). In-18. *Paris*, 1870.

Guerrier de Haupt (Marie Marthe). Ouvrage couronné par l'Académie, (3e édition). In-18. *Paris*, 1874.

Hallberg (Eugène). Histoire des littératures étrangères, depuis leurs origines jusqu'à 1850. 2 vol. In-12. *Paris*, 1879.

Hamilton. Contes. Publiés avec une notice de B. de Lescure. 4 vol. In-12. *Paris*, 1873.

Hello (Ernest). Contes extraordinaires. In-12. *Paris*, 1879.

Iouhanné (Joannes). Edouard le Confesseur roi d'Angleterre. Tragédie en cinq actes. In-12, *Montréal*. (106 pages).

Johnson (Frank). Lashed to the Mizzen, or a night off the Cape. (19 pages). 8vo. *Montréal*, 1872. B. C. Vol. 191.

La Boëtie. La servitude volontaire, ou le contr'un. Ré-imprimé sur le manuscrit de Henry de Mesmes, par Jouaust. In-12. *Paris*, 1872.

Lacasse missionnaire des sauvages (R. P. Zach.) Une mine produisant l'or et l'argent, découverte et mise en réserve pour les cultivateurs seuls, par leur ami. In-18. *Québec*, 1880.

Lacordaire (le R. P. H.-D.). Eloge funèbre de Mgr Ch. Auguste de Forbin-Janson, prononcé dans la cathédrale de Nancy, le 22 août 1844. In-18. *Québec*, 1845. B. C. Vol. 190 et 206.

Lamartine (A. de). Le tailleur de pierres de Saint-Paul. Récit villageois. Nouvelle édition. In-18. *Paris*, 1877.

LaRue (F. A. H.). Réponse au mémoire des MM. Brousseau frères, imprimeurs des Soirées Canadiennes. In-8. *Québec*, 1862. (16 pages).

———————— Voyage sentimental sur la rue Saint-Jean. Départ en 1860, retour en 1880. Causeries et fantaisies. In-18. *Québec*. 1879.

Lavergne (Mme Julie O.). Légendes de Fontainebleau. In-12. *St-Amand*, 1880.

———————— Légendes de France, Versailles et Saint-Germain. In-12. *St-Amand*, 1879.

LeMay (L. Pamphile). Les Vengeances. Drame en six actes. In-8. *Québec*, 1863. (44 pages).

Lepage (Auguste). Les boutiques d'esprit. In-18. *Paris,* 1879

LeSage. Turcaret. Comédie en cinq actes. Notice par Marescot. In-12. *Paris,* 1872.

Les 24, 25 et 26 Juin, 1880 a Québec. Vide: *Mémoires.*

Lettres de Mademoiselle Aïssé à Madame Calandrini, précédées d'une notice par A. Piedagnel. In-12. *Paris,* 1878.

Lettres Portugaises, publiées sur l'édition originale, avec une notice par A. Piedagnel. In-12. *Paris,* 1876.

Loyseau (Jean). Bas les masques. In-12. *Paris,* 1873.

———————— Le noces d'or de Jupiter. In-12. *Paris,* 1877.

——— ———— Les bons apôtres, 7e édition. In-12. *Paris,* 1866.

Marivaux. Œuvres choisies. 2 vol. In-12. *Paris,* 1868.

Maron (Eugène). Histoire littéraire de la convention nationale. In-12. *Paris,* 1860.

Mayne-Reid (Le Cap.). Les veillées de chasse. Traduit par H. Révoil. (43 vignettes). In-18. *Paris,* 1878. (Nouvelle édition).

— ——————— Les chasseurs de girafes. Traduit de l'anglais par Wattemare, et illustré de 10 gravures par A. de Neuville. In-18 *Paris,* 1876.

——————————— Les vacances des jeunes Boërs. (Traduit par Mme Loreau. In-18. *Paris,* 1878.

Meilhac (H.). et **Halévy** (Lud.). Froufrou. Comédie. Nouvelle édition. In-12. *Paris,* 1880.

Montesquieu. Le temple de Pnide, suivi de Cephise et l'amour et de Arsace et Isménie. Introduction par Marescot. In-12. *Paris,* 1875.

Moodie (Strickland) **Susanna.** Roughing it in the bush. In-8. *London,* 1852.

Nisard (D.). Renaissance et réforme Erasmse, Thomas Morus. Melanchlton. 2 vol. In-12. *Paris,* 1877.

Pernin (l'abbé). Le doigt de Dieu est là ! ou épisode émouvant d'un événement étrange raconté par un témoin oculaire. (Au profit de l'église de Notre-Dame de Lourdes, à Marinette, Wis.,) In-32. *Montréal,* 1874.

Piquefort (Jean). Portraits et pastels littéraires. In-32. *Québec*, 1873.

Pontmartin (A. de). Nouveaux samedis, 15e, 16e, 17e et 18e séries. 4 vol. In-18. *Paris*, 1877-1878,1879 et 1880.

Prud'homme (Eustache). Concours de Poésie de 1868, à l'Université Laval. " Les martyrs de la foi en Canada." (32 pages). 8vo. *Québec*, 1869. B. C. Vol. 203.

Royer (Alphonse). Aventures de voyage. Tableaux, récits et souvenirs du Levant. 2 vols. in-18. *Bruxelles*, 1837.

Saint-Pierre (B. de). La chaumière indienne, suivi du Café de Surate. Publiés par Piedagnel. In-12. *Paris*, 1875.

Scott (Walter). Charles le Téméraire. Traduction de Dufaucoupret. 8vo. *Paris*.

Scribe (Eugène). Adrienne Lecouvreur. Comédie-drame en cinq actes, en société avec Ernest Legouvé, 14 avril 1849. In-12. *Paris*, 1880.

Second (Albéric). Le roman de deux bourgeois. 8e édition. In-12. *Paris*, 1879.

Sédaine. Œuvres choisies. In-12. *Paris*.

Séguin (Alf.) Le Robinson noir. Ouvrage orné de 72 dessins gravés sur bois, par M. Meaulle, d'après Scott, Meyer, etc. In-8. *Paris*, 1877.

Sirven (Alfred). Journaux et journalistes In-12, 3e édition. *Paris*, 1865.

——————— Journaux et journalistes. La presse. La liberté, avec les portraits des rédacteurs photographiés par Pierre Petit. In-12. *Paris*, 1866.

Soulié (Frédéric). La closerie des Genêts. Drame en cinq actes, huit tableaux et un prologue. In-4to. *Paris*, (31 pages).

Staaff (le lieut.-Col.). La littérature française depuis la formation de la langue jusqu'à nos jours. Lectures choisies par ——5e édition, 3 vol. 8vo. *Paris*, 1877.

Swift (Jonathan). Voyages de Gulliver à Lilliput et a Brobding-
nag. Edition abrégée, a l'usage des enfants. Avec 10
gravures. In 18. *Paris*, 1855.

Verne (Jules). Le chancellor, illustré par Riou suivi de Martin
Paz. illustré par Férat, petit. In-4to. *Paris.*

————————— L'ile mystérieuse.

> 1er vol. Les naufragés de l'air.
>
> 2e " L'abandonné.
>
> 3e " Le secret de l'île. 3 Vol. In-18.
> *Paris.*

Véron (Pierre). Visages sans masques. In-12 *Paris*, 1879.

Villard (Henri). Libres propos d'un touriste. Lettres de vacances. B. In-8. *Genève*, 1879. (68 pages).

Vive la Canadienne. Souvenir du 24 juin 1880. Vide: *Mémoires.*

Walker (Alex.) Hours off and on sentry, or personal recollect-
ions of military adventures in Great Britain, Portugal
and Canada.

Whyte-Melville (G. J.). Les gladiateurs. Rome et la Judée.
Roman antique, traduit de l'anglais, par Chs. Bernard Derosne, avec préface par Théophile Gauthier.
2 vols. in-12. *Paris*, 1864.

Witt (Mme de). Scènes historiques. 2e série. 8vo. *Paris*, 1877.

Woillez (Mme). Le jeune tambour ou les deux amis. In-18
Tours.

MARINE ET MILICE.

Aarbog for handelsmarinen. 9de aargang, 1878–79. In-8. *Kristiania*

Annuaire de la marine et des colonies, 1879. In-8. *Paris*, 1879.

Bigham (John C.). Lees' laws of British shipping and of marine
assurance. 10th. Reported by Bigham. In-3. *Lon-
don*, 1877.

CANADIAN (A). Thoughts on defence. Vide: *Thoughts.*

CANADIAN MILITARY REVIEW. Vide: *Encyclopédies, journaux, revues.*

Chamberland (J. R. E.) Dissertation familière, calme et intègre sur la question d'un hàvre de refuge dans le bas du fleuve St-Laurent, et chemin de fer des Trois-Pistoles. Br. in-8. *Québec,* 1858.

DÉBATS sur le bill des pêcheries de l'Hon. Alex. Campbell, devant le Conseil Législatif du Canada, les 9 et 10 mars. 1865. Br. in-8. *Québec,* 1865. B. C. Vol.

Delévaque (M. C.) La marine au Canada. Rapport de mission, (Extrait des Annales du génie civil). Br. in-8. *Paris.*

D'Héricault. Histoire nationale des naufrages et aventures de mer (1809-1850) 3e édition, 2 vol. In-12. *Paris,* 1876.

FRANCE. CARTE Ministère de la marine et des colonies. Tableaux de population, de culture, de commerce et de navigation, pour 1865 à 1876 (suite des tableaux insérés dans les notes statistiques) 12 vol. In-8. *Paris,* 1867-76.

CARTE figurative des recettes brutes kilométriques des chemins de fer français pour 1876. Grande feuille.

CARTE de la navigation intérieure de la France, 1878. Grande feuille.

CARTE figurative du tonnage des chemins de fer de la France, (petite vitesse) en 1875. Grande feuille.

CARTE de la navigation intérieure de la France. 1878. Grande feuille.

CARTE figurative du tonnage des routes nationales de la France, en 1876. Grande feuille.

CARTE figurative du tonnage des rivières, canaux et ports de la France, en 1876. Grande feuille.

CARTE figurative représentant les mouillages et les dimensions d'écluses des voies navigables de la France, en 1868. Grande feuille.

CARTE. Ministère de la marine et des colonies. Compte général du matériel, pour 1874, folio. *Paris,* 1879.

France. Navigation intérieure. Cours d'eau administrés par l'état. Relevé général du tonnage des marchandises eu 1877. B. In-4to. *Paris.*

—— Ministère de la marine et des colonies. Comptes définitifs des dépenses ordinaires et du budjet spécial de l'emprunt pour 1874. Budget des dépenses de l'exercice 1878. 2 vol. In-4to. *Paris.*

—— Statistique des pêches maritimes, 1876. In-8. *Paris,* 1877.

—— Ministère de la marine et des colonies. Compte général de l'administration de la justice civile et commerciale criminelle, correctionnelle et de police, dans les colonies françaises. pendant les années, 1853 à 1861. In-4to. *Paris,* 1867, et pendant les années 1862 à 1867. In-4to. *Paris,* 1874.

Hoskins (B. S.). A few thoughts on voluntering. In-8. *Quebec,* 1862. (22 pages). B. C. Vol. 211.

Houck (Louis). A treatrise on the law of navigable rivers. In-8. *Boston,* 1868.

Navigation Intérieure. Voir: Histoire de France : *Documents parlementaires.*

Observations on the armed strength of Canada. (12 pages). 8vo. B. C Vol. 171.

Ordre Général de milice (12), Ottawa, 5 mai 1871, réglant les exercices annuels pour 1871–72. Puissance du Canada.

—————————————— Règlements pour 1872–73. 2 brs. in-64. *Ottawa.* B. C. Vol. 217.

Rapport du commissaire des pêcheries, pour l'année expirée le 31 décembre 1878 8vo. *Ottawa,* 1879.

Record of the proceedings of the Halifax fisheries commission. In-folio, 1877.

Regulations for the Volunteer force. In 8. *London,* 1861.

Règles et Règlements pour la formation d'exercice et mouvement de la milice du Bas-Canada.

REPORT of commissioners appointed under resolve of 1856, chap. 58, concerning the artificial propagation of fish, with other documents. In-8. *Boston*, 1857. (54 pages). Vol. Pamplets on science and industry.

REVIEW of President Grant's recent message to the United States Congress, relative to the Canadian fisheries and the navigation of the St-Lawrence River. (64 pages). B. C. Vol. 170.

RIFLE ASSOCIATION, Province of Quebec. proceedings (of). (30 pages). 8vo. *Montréal*, 1876. B. C. Vol. 203.

RULES AND REGULATIONS for the formation of exercise and mouvements of the Militia of Lower-Canada. In-32. *Québec*, 1812.

SUPPLÉMENT No. 1 du 12e rapport annuel du ministère de la marine et des pêcheries, pour l'exercice terminé le 30 juillet 1879. Rapports des bureaux d'inspections des bateaux à vapeur, des examinateurs des capitaines et second, des commissaires du hâvre de Toronto, Montréal, Québec et Pictou, etc. 8vo. *Ottawa*, 1880.

TABLEAUX du commerce et de la navigation du Canada, pour 1878-79 et pour 1879-80. 2 vol. In-8. *Ottawa*, Voir : *Commerce*.

TABLES of the trade and navigation of the Dominion of Canada, for the fiscal year ending 30th June 1880. In-8. *Ottawa*, 1880.

THOUGHTS ON DEFENCE, from a Canadian point of view, by a Canadian. In-8. *Montreal*, 1870. (55 pages). B. C. Vol. 211.

MORALE, PHILOSOPHIE.

ANNALES de la philosophie chrétienne, sixième série. Vol. 9 à 15 (1875 à 1878), 7 vol. In-8. *Paris*.

Brac de la Perrière (J.). Le socialisme. In-18. *Paris*, 1880.

Charpentier. La vie de Socrate. Précédée de Xénophon : Les choses mémorables de Socrate. In-18.

DERNIÈRE CORRESPONDANCE entre le Cardinal Barnabo et M. Dessaulles. (39 pages) 8vo. B. C. 182.

DEVOIRS DU CITOYENS. Discours prononcé à la distribution des prix
du séminaire de St-Hyacinthe, le 6 juillet 1875. 8vo.
St-Hyacinthe, 1835. (64 pages). B. C. Vol. 211.

Didon (le P.). Indissolubilité et divorce. Conférences de Saint-
Philippe du Roule. Avec préface et épilogue. 5e
édition. In-18. *Paris*, 1880.

Dumas fils (Alex). La question du divorce. 11e édition. In-8.
Paris, 1880.

Félix (le Rév. P.). L'article 7 devant la raison et le bon sens, ou
les contradictions de M. Jules Ferry. In-12. *Paris*,
1880.

Féval (Paul). Pas de divorce. Réponse à M. Alexandre Dumas.
In-12. *Paris*, 1880.

Gaume (l'abbé J.). Le ver rongeur des sociétés modernes, ou le
paganisme dans l'éducation. 8vo. *Paris*, 1851.

Goncourt (Edmond et Jules de). Idées et sensations. Gd. in-8.
Paris, 1866.

Gréard (Octave). De la morale de Plutarque. Ouvrage couronné
par l'Académie. 2e édition. In-18. *Paris*, 1874.

Laveleye (E. M. de). Le protestantisme et le catholicisme dans
leurs rapports avec la liberté et la prospérité des
peuples. (29 pages). In-18. *Montréal*, 1876. B. C. 180.

LeGrand (Louis). Le mariage et les mœurs en France. (Ouvrage
couronné par l'Académie des sciences morales et politiques) In.8. *Paris*, 1879.

Loyseau (Jean). Les noces d'or de Jupiter. In-12. *Paris*, 1877.

————————— Les bons apôtres. 7e édition. In-12. *Paris*, 1863.

Masson (Philippe). Les canadiens français et la Providence. B.
B. Vol. 195.

Paquin (Rév. Père L. P.). Conférence sur les propriétés délé-
tères des liqueurs spiritueuses. (39 pages). In-12.
Québec, 1879.

Pesnelle (l'abbée Eug.). La science contemporaine et le dogme de la création. ou la grande méprise du XIXe siècle. A propos du Vitalisme chimique, du darwinisme et du Préadamisme. In-8 jésus. *Paris*, 1879.

Petitalot (le R. P.). Le Syllabus, base de l'union catholique. In-18. *Paris*, 1847.

Sanseverino (Gaietano). Philosophia christiana cum antiquâ et novâ comparata. 7 vols. in-8. *Neapoli.*

Dynamilogiæ, 3 vols., 1862–66.

Logicæ. 4 vols., 1864–70.

Situation du Monde Actuel. Voir : *Religion.*

Tarte (Israël). Le clergé, ses droits, nos devoirs. In-32. *Québec*, 1880. (Extraits du *Canadien*). B. C. Vol. 209.

Trudel (L'Hon. F. X.). La tempérance au point de vue social. Lecture prononcée le 22 octobre, 1879 sous les auspices de la société de tempérance de l'Eglise St. Pierre de Montréal. In-18. *Montréal,* (60 pages). B. O. Vol. 195.

Veuillot (Louis). La guerre et l'homme de guerre. Voir : *Histoirs Universelle.*

Xénophon. Voir : Charpentier.

PHYSIQUE, CHIMIE, MATHÉMATIQUE.

Baillargé (Charles). Geometry, mensuration, and the Stereometrical tableau. A paper read before the literary and historical society of Quebec. March, 20th, 1872. In-8. (115 pages). *Québee*, 1872.

Baillargé (Chs.). Géométrie, toisé et le tableau stéréométrique. Lecture faite devant la société littéraire et historique de Québec, le 20 mars 1872. In-8. (115 pages). *Québec*, 1872.

Faraday (Michael). Experimental researches in electricity. Reprinted from the philosophical transactions of 1831-1838. 3 vols. in-8. *London*, 1839.

Figuier (Louis). Les merveilles de la science, ou description populaire des inventions modernes. 4 vols. in-4to. *Paris.*

Flammarion (Camille). Astronomie populaire Description générale du ciel ; illustrée de 360 planches en chromolitographie, cartes, etc. Royal in-8. *Paris*, 1880.

Casgrain (H. E.,) Générateur du Gaz Moonlight. (20 pages). 8vo. *Montréal*, 1876. B. C. Vol. 179.

Guy's elements of astronomy. And an abridgment of Keith's new treatise on the use of the globes. 30th edition. In 18. *Philadelphia*, 1852.

Jahrbuch des Norwegischen Meteorologischen Instituts for 1874, 1875, 1876. Herausgegeben. Von H. Mohn. 3 vol. In-4to. *Christiania*, 1877-78.

Journal du Ciel. Notions populaires d'astronomie pratique par J. Vinot, un No. In-12, par semaine. 2 vols. *Paris.*

Lacasse (Napoléon). Tenue des livres en partie simple et en partie double, ou comptabilité générale. In-8. *Québec*, 1877.

Lachlan (Major R.). A paper and resolutions in advocacy of the establishment of a uniform system of meteorological observations, throughout the whole American continent. In-8. *Cincinnati*, 1857. (44 pages). Vol. Pamphlets on science.

Ladreyt (Casimir). Nouvelle arithmétique raisonnée ou cours complet de calcul à l'usage des élèves de l'un et de l'autre sexe. Suivi de quelques leçons sur la planimétrie et la stéréométrie (arpentage et cubage). In-12. *Montréal* 1 36.

Lafrance (J. C. L.-). Nouvelle arithmétique commerciale et pratique. In-18, *Québec*. 1867.

Langelier (J. C.). Manuel de tenue des livres à l'usage des écoles primaires. In-16 *Québec*, 1877.

Laramée (J. A.). Lecture sur l'acoolisme. (78 pages). In 12. *Montréal*. B. C. Vol. 195.

Leclerc (J.). La physique expliquée à mes enfants. Cours complet et raisonné à l'usage des établissements d'enseignement primaire. In-12. *Paris*.

Paquin (le Rév. Père L. P.). Conférence sur les propriétés délétères des liqueurs spiritueuses, donnée à St-Sauveur de Québec. In-8. (39 pages). *Québec*, 1879.

Pillet (H.). La vérité sur la gelée groseillée. Note en réponse à l'article de M. C. Dr. J. de B. présentant ce produit comme une falsification des confitures de groseilles. In-12. *Paris*, 1880. (12 pages).

RAPPORT sur les progrès de la thermodynamique en France, par M. Berlin. Gd. In-8. *Paris*, 1867.

REPORT on the meteorological service of the Dominion of Canada, for the year 1878, by G. T. Kingston, superintendent. In-8. *Toronto*, 1879.

Sacc (le docteur). Chimie du sol. 3e édition. In-12, *Paris*.

————————— Chimie des animaux. 3e édition. In-12, *Paris*.

————————— Chimie des végétaux. 3e édition. In-12, *Paris*.

Smallwood (Chs.). Contributions to meteorology for the year 1861, from observations taken at Isle Jesus, C. E. In-8, *Montreal*. (10 pages). Pamphlets on science and industry.

SMITHSONIAN MISCELLANEOUS COLLECTIONS. 17 vols. In-8o. Voir : *Sciences naturelles en général.*

SMITHSONIAN CONTRIBUTION TO KNOWLEDGE. Vol. 14 to 22 format In-4to. Voir : *Sciences naturelles en général. Natural history.*

Tarnier (E A.). Éléments de géométrie pratique. 8vo. *Paris*, 1872. et atlas folio.

THÈSES de mathématique qui seront soutenues au Séminaire de Québec, vendredi le 26 mai, depuis 9 heures jusqu'à midi, par MM. Barnard Claude Panet, Charles Perrault et Charles Chauveaux, étudiant en physique sous M. Thomas Bédard. diacre, prof. de philosophie. Petit. In-4to *Québec*, 1775. (9 pages). Vol. 197.

Toussaint (F. X.). Traité élémentaire d'arithmétique. 6e édition. In-18. *Québec*, 1877.

Vinot (J.). Journal du Ciel. Notions populaires d'astronomie pratique In-12. *Paris*, (13e année, 1877).

Vogl (A.). Les aliments. Guide pratique pour constater les falsifications des farines, fécules, cafés. etc. Traduction par Ad. Focillon et G. Dauphin. (160 gravures). In-32. *Paris*, 1876.

POLITIQUE ET LEGISLATION.

—

POLITICAL WRITINGS, LEGISLATION.

APPEL AU PEUPLE (L'). I roit au travail ; les conservateurs ; crise ; Famine ; Mandat contractuel. (8 pages). In-12. *Montréal*, 1875. B. C. Vol. 210.

Arnold (Arthur). Social politic. In-8. *London*, 1878.

Bachand (Hon. P.) Speech on the Budget, delivered in the Legislative Assembly, Quebec, 18th June, 1878. In-8. (28 pages). *Quebec*, 1879. B. C. Vol. 192.

——————— Discours sur le Budget, (1878). B. C. Vol. 193.

——————— Sa notice biographique, extraite de l'*Union*. Son discours sur le budget, 18 juin, 1878. Discours de l'Hon. M Church, 19 juin.

Boucher de la Bruère La protection combattue et refusée par le gouvernement libéral. In-8. (16 pages). B. C. Vol. 182.

———————— —— —— Honoré Mercier le candidat libéral du comté de St. Hyacinthe. Son passé et son présent. In-8. (16 pages). Vol.

Cartwright (Hon. Richard J.). Discours sur le Budget prononcé dans la Chambre des Communes du Canada, vendredi le 25 février 1876. (46 pages), 8vo. B. C. 174

Cauchemar (J.B). L'entente cordiale (35 pages). In-12, *Montréal*, 1875. B. C. 206.

CHAMBRE DES COMMUNES. Revue parlementaire de 1875, suivie de considérations sur les élections locales. Tirée du *Journal de Québec.* In 8. (68 pages). *Québec.* B. C. Vol. 184.

Chandelon (J. T. P.). Essais docimasiques, faits à l'école spéciale des mines et des arts et manufactures, à Liéges, sous la direction de—— ——In-8. *B uxelles*, 1845. (20 pgs.) Dans le vol. Pamphlets on science and industry.

———————— —— Analyse des houilles propres à la fabrication du coke, entreprise par la sous-commission des procédés nouveaux ...... In-8. *Bruxelles*, 1847. (14 pages) Vol. Pamphlets on science and industry.

Chapleau (Hon. A.) Discours à Lévis. Voir: *Nos libertés.*

Charlton (John). Discours. Voir : Ross et Charlton.

Choquette (Aug.). Discours prononcés à l'Assemblée Législative de la province de Québec à l'appui des résolutions-Joly. Par les Hons. Joly, Mercier, Ross et Irvine et par MM. Flynn, Racicot et Chs. Langelier, suivis de l'exposé financier de l'hon F. Langelier, Trésorier-Provincial. (121 pages). 8vo. *Québec*, 1879. B. C. 182.

CINQ ANNÉES D'ADMINISTRATION RÉFORMISTE. La ruine à l'intérieur quand la fortune est à la porte, choisissez ! 119 pages. 8vo. *Montréal*, 1878. B. C. 173.

CONSTITUTION et code de règlements du club canadien. Patron, Joseph Cauchon, écuier, M. P. P. In-8. *Québec*, 1853. (8 pages).

Côté (J. O.). Political appointments and elections in the Province of Canada, 1841 to 1865. (130 pages). 8vo. *Quebec*, 1866. B. C. 170.

Dansereau. The Quebec Political Crisis. Notes and precedents (61 pages). 8vo. *Quebec*, 1879. B. C. 192.

DÉFAITE de M. H. Fabre. In-18. (53 pages). B. C. Vol. 180.

DÉMOSTHÈNE. Plaidoyers politiques, traduits en français avec arguments et notes par R. d'Oreste 2 vol. In-12. *Paris*, 1879.

DINER à M. Joly, M. P. P.—Grande démonstration de sympathie.— Diner magnifique, discours chaleureux. Extrait de journaux mis en brochure. B. C. Vol. 194.

DISCOURS prononcés à la Chambre des Communes par G. W. Ross, M. P, Middlesex-Ouest and John Carleton, M. P., (Norfolk Nord), critique impartiale de la politique financière du cabinet MacKenzie. (30 pages). 8vo. *Ottawa*, 1878. B. C. 184.

DISCOURS prononcés à l'Assemblée Législative de Québec, à l'appui des résolutions Joly. Voir: Choquette.

Forster (Wm). Political presentments. In-8. *London*, 1878.

GRANDE DÉMONSTRATION en l'honneur de l'Hon. J. G. Blanchet, à Lévis, le 4 janvier 1676. (6 pages). Gd. in-8. B. C. Vol. B.

Hales. The original institution power and jurisdiction of Parliaments. In 8. *London*, 1707.

Hincks (Hon Sir F.). Speech delivered at Pembrooke, 27th Oct., 1870. Br. in-12. *Ottawa*, 1870. B. C. Vol. 198.

——————————— Manchester statistical society. Remarks on currency and banking. In 12. *Sealford*.

JOLY-GOWEN Scandal. (The). The Lucky brother-in-law. B. C. Vol. 183.

Howitt (Wm). Saunder's portraits and memoirs of eminent living political reformers. Vide : *Biography.*

Joly (H. G.). Discours sur la Confédération, prononcé à la chambre, le 23 février 1865. Br. in-8. *Québec*, 1865 B. C. Vol. 81.

LA CRISE POLITIQUE DE QUÉBEC. Notes et précédents. In-8. *Québec,* 1879. (63 pages) B. C. Vol. 189.

Landry (M.). La question constitutionnelle de Québec. Discours prononcé à la Chambre des Communes le 13 mars 1879. (22 pages). 8vo, B. C. 184.

LA POLITIQUE de la province de Québec de 1871 à 1875. Broch. In-8. (88 pages), *Québec*, 1875 B. C. 203.

Lareau (Edmond). Libéraux et Conservateurs. (44 pages). 8vo. *Québec,* 1879. B. C. 171.

LE COUP D'ÉTAT ou le renvoi du cabinet DeBoucherville. Explications ministérielles données par l'Hon. M. Angers, suivies du discours de l'Hon. M. Chapleau à la grande assemblée tenue à Lévis le 10 mars, 1878. (30 pages) 8vo. *Québec*, 1878. B. C. Vol. 170.

LE GOUVERNMENT de la Puissance du Canada pendant les années 1874-75-76-77 et 78. (54 pages.) 8vo. *Québec*, 1878 (54 pages). 8vo. *Québec*, 1878. B. C. Vol. 184.

LE LIEN COLONIAL, c'est la banqueroute. La nation meurt de faim, parce qu'elle est pieds et poings liée par le lien colonial. (16 pages). 8vo. *Montréal*, 1878. B. C. Vol. 182.

LE TRIOMPHE de l'Hon. J. G. Blanchet dans le comté de Lévis. Une magnifique démonstration populaire, jeudi, 19 sept. 1874. (8 pages). Gd. in-8. *Québec*. B. C. Vol. B.

LES DÉPENSES du gouvernement libéral à Ottawa. In-32. *Québec,* 1878. (87 pages). B. C. Vol. 207.

LIBERAL CONSERVATIVE HAND-BOOK. Grits in office. Profession and practice contrasted. Sir J. Macdonald's speech at Montral. Hon. C. Tupper's speech at Halifax. In-8. (50 pages). B. C. vol. 196.

Macdonald (Sir J. A.). Discours prononcé dans la Salle de Musique (à Québec), le 15 octobre 1879. Extrait de *La Minerve*. B. C. Vol. 190.

Mackintosh (C. H.). Liberal Conservative Hand-Book. Grits in office. (48 pages). 8vo. *Ottawa*, 1876. B. C. Vol. 196.

Macpherson (Hon. D. L.). Speeches on the public expenditure and national policy, delivered in the county of Bruce, June 1878. Published by the Liberal Conservative Association of Bruce. 8vo. (79 pages). *Toronto*, 1878. B. C. Vol. 189.

——————— ——— Reply to ministerial attacks upon his speeches and reflections on the public expenditure of the Dominion. 8vo. (68 pages). *Toronto*, 1877. B. C. Vol. 192.

Mandement de Monseigneur E. A. Taschereau, archevêque de Québec, sur les devoirs des électeurs pendant les élections. 25 mai 1876. B. C. Vol. 197.

May (Sir Th. Erskine). Democracy in Europe. A history. 2 vols. In-8. *London*, 1877.

Moulart (le chanoine Ferd.). L'Eglise et l'Etat, ou les deux puissances, leur origine, leurs rapports, leurs droits et leurs limites. 2e édition. *Louvain*, 1879.

Nos Libertés. Discours de l'Hon. M. Chapleau prononcé à la grande assemblée tenue à Lévis le 10 Mars 1878. (16 pages) 8vo. *Québec*, 1878. B. C. 179.

O'Sullivan (D. A.). A manual of government in Canada ; or the principles and institutions of our federal and provincial constitutions. In-18. *Toronto*, 1879.

Pape. De la souveraineté temporelle du Pape. Par un soldat du Pape. In-8. *Montréal*, 1878. (77 pages). B. C. Vol. 204.

Papers relating to Nut-Locks. B. C. 183.

Paul (Father). The rights of sovereigns and subjects. Translated from the Italian, and compared with the French To which is prefixed the life of the author and an account of his writings. In-8. *London*, 1722.

Petit Catéchisme l'olitique pour les élections fédérales et locales,
à l'usage des électeurs de la Province de Québec, par
un électeur indépendant. (12 pages), royal In-8.
Québec. 1878. B. C. Vol. B.

Ramsay (T. K.). Government Commission of inquiry. (18 pages)
8vo. *Montreal*, 1863. B. C. 191.

Rapport des élections pour la chambre des Communes du Canada.
1867-78, reliés en 1 vol. 8vo.

Rapport du Greffier de la Couronne en Chancellerie sur les élections générales de l'Assemblée Législative de Québec, 1867-78, relié en un volume in-8.

Record of liberal administration. How the Joly Ministry gov-
erned the province. The financial question. Liberal
scandals. The Joly policy. The railway question.
The Chapleau's policy. Br. in-8. B. C. Vol. 193.

Relation Historique des événements de l'élection du comté du
Lac des Deux Montagnes, en 1834. Episode propre
à faire connaitre l'esprit public dans le Bas-Canada.
In-12. *Montréal*, 1875. (36 pages).

Réponse de l'Hon. M. De Boucherville au mémoire du Lieutenant
Gouverneur, à Son Excellence le très hon. comte de
Dufferin, etc. (8 pages). 8vo. *Québec*. B C. Vol. 170.

Return from the Clerk of the Crown in Chancery on the elections
to the Legislative Assembly of Quebec, 1867-78.
(Bound in one vol. in-8.)

Returns on the general elections for the House of Commons of
Canada, 1867-78. (Bound in one vol. in-8).

Robertson (Hon. J. G.). Speech on the budget, delivered in the
Leg. As. Quebec, 16th June, 1880. In-8. (42 pages),
Québec.

———————————— Speech on the budget, 1875. B. C. Vol.
192.

Ross (G. W.) **Charlton** (John). Discours prononcés en la Chambre des Communes, sur la proposition : que la chambre se forme en comité des subsides. Critique impartiale de la politique financière du cabinet-Mackenzie. Session de 1878. Br. In-8. *Ottawa*, 1878. B. C. Vol. 184.

Ross (John). Quelques mots à la Législature, (8 pages). 8vo. B. C. 187.

Smith (Goldwin). The political destiny of Canada, reprinted from the Fortnightly review " with a reply by Sir Francis Hincks, and some remarks on that reply. In-12. *Toronto*, 1878.

Sᴛ-Lɪɴ. M. Chapleau s'explique. Relation du grand dîner de St-Lin, le 21 août, 1877. Extraits de divers journaux. Vol. 193.

Sᴛᴀᴛᴇs man's year book 1880, by Fred. Martin. In-18. *London*.

Taché (Mgr). Encore l'amnistie. 8vo. (42 pages), 1875. B. C. Vol. 179

Tᴀɴɴᴇʀɪᴇs. Affaires des tanneries. Séance du 25 novembre 1875. Discours des Hon. MM. Angers, Ouimet. Chapleau et de M. Taillon, député de Montréal. Gd. in-8. (21 pages). B. C. Vol. 194.

Taschereau (Mgr). Mandement sur les devoirs des électeurs pendant les élections, 25 mai 1876. In-8. *Québec.*

Taylor (Fenning). Are Legislatures Parliaments ? A study and review. In-12. *Montreal*, 1879.

Tʜᴇ Qᴜᴇʙᴇᴄ Pᴏʟɪᴛɪᴄᴀʟ Cʀɪsɪs. (Notes and precedents). The opposition pamphlet, better known as the " Dansereau brochure," examined and refuted by the light of British Constitutional history and precedent. In-8. (61 pages). *Quebec*, 1879. B. C. Vol. 189.

Thibault (Charles). Discours politique à Ottawa le 6 mai 1878. (Extrait des journaux). B. B. Vol. 194.

———————— 5 années d'administration grite ou le Canada Ruiné. (20 pages.) 8vo. B. C. 183.

Tilley (Sir S. L). Finances of Canada. Budget speech (9 March 1880). Br. In-8. *Ottawa*, 1680.

——————— Les finances du Canada. Discours sur le budget. (9 mars 1880). Br. In-12. *Ottawa*, 1880.

Todd (A). Parliamentary government in the British Colonies In-8. *Boston*, 1880.

Tremblay (Ernest). L'affaire Letellier et la constitution. (24 p.) In-12. *Montréal*, 1879 B. C. 190.

——————— -- La question du jour. Le gouvernement fédéral peut-il révoquer le lieutenant-gouverneur de Québec (84 pages) 8vo. *Montréal*, 1878. B. C. Vol. 171.

Trudel (Hon. F. X. A.). Nos chambres hautes. Sénat et Conseil Législatif. 8vo. *Montréal*, 1880. B. C. Vol. 191.

Watson (S. J) The powers of Canadian parliament. In-12. *Toronto*, 1880.

Wood (Hon. S. C.). Speech delivered on the 29th January, 1880, in Leg. Ass. of Ontario, on moving the House into committe of supply. Br. in-8. *Toronto*, 1880. (27 pages).

Wurtele. Débats sur l'adresse. Session de 1878. Discours. (8 pages doubles colonnes.) ·

RELIGION.

ACTES ET DÉLIBÉRATIONS du premier congrès catholique canadien-français, tenu à Québec les 25, 26 et 27 juin 1880. Annuaire numéro 3 du Cercle Catholique de Québec, 1879-1880. In-8. *Montréal*, 1880.

ALLOCUTION adressée par Notre Très-Saint Père Pie IX, aux Cardinaux de la Sainte Eglise Romaine, le 12 mars 1877. (14 pages). 8vo. *Montréal*, 1877. B C. Vol. 194.

ANNALES de la propagation de la loi pour la Province de Québec. In.-8. Montréal. Années 1877, 1878. 1879 et 1880, reliées en deux volumes.

ANNUAIRE du cercle catholique de Québec, No. 2. Année 1878-79. Br. In-8 *Québec*, 1879.

Auclair (Rév. J.). Les danses et les bals. Sermons, notes et documents. In-18. (56 pages), *Québec*, 1879.

Bruchési (l'abbé P. N.). Deuxième centenaire de la fondation de l'Institut des Frères des Ecoles Chrétiennes. Sermon prononcé dans l'église St-Jean Baptiste de Québec, le 20 Oct. 1880. In-32. *Québec*, 1880. B. C. Vol. 215.

Buckminster (Rev. J. S.). Sermons. (from the author's manuscripts.) In-8. *Boston*, 1829.

CATÉCHISME (petit) sur l'infaillibilité du Souverain Pontife. In-32. *Québec*. 1876. B. C. Vol. 217.

Chandonnet (Rév. T. A.). Sermon prononcé à la Cathédrale de Québec, le 26 juin 1865, jour de la fête St. Jean Baptiste (86 pages). In-12. B. C. 190.

Chiniquy (curé de Kamouraska). Manuel ou règlement de la société de tempérance. Dédié à la jeunesse canadienne. In-18. *Québec*, 1844. B. C. Vol. 59.

————————————— Manuel de la société de tempérance, dédié à la jeunesse canadienne. 2e édition, revue et corrigée et augmentée d'une foule de nouveaux traits et des prières de la messe et des vêpres. In-18. *Montréal*. 1847. B. C. Vol. 112.

————————————— Manuel des sociétés de tempérance, dédié à la jeunesse du Canada. Précédé d'une notice biographique de l'auteur, par M. Hector L. Langevin. 3e édition, avec portrait de l'auteur. In-18 *Montréal*, 1849.

CORRESPONDENCE between revd. Mr. Moylan, and Peter Sheppard and W. Tims. In-8. *Québec*, 1847 (37 pages). B. C. Vol. 211.

Harris (John). The great teacher : characteristics of our Lord's Ministry. 10th American, from the 10th London edition. In-8. *Boston*. 1846.

L. J. C. et M. I. Aiamin Rukuelshimitun Misinaigan. (72 pages) 8vo. *Quebec*, 1856. B. C. 180.

Lacordaire (Rév. P. Henri Dominique). Eloge funèbre de Monseigneur de Forbin-Janson. (39 pages). In-12. *Québec*, 1845. B. C. 190.

LeMoine (l'abbé George L). Aux associées de l'Archiconfrérie de Sainte-Angèle, *Section des Ursuline de Québec*, (9 circulaires, 1871). Vol. 197.

Le Petit Arsenal du Catholique, ou traité élémentaire de controverse, par un catholique romain de l'Archidiocèse de Québec (A. Mailloux, V. G.) In-12. *Coteau St. Louis*, 1877.

Loyseau (Jean). Bas les masques. In-12. *Paris*, 1873.

———————— Rose Jourdan. 2 vols. In-12. *Paris*, 1873. Nouvelle éditi n.

Mes tentations ou questions respectueuses adressées à M*** vénérable pasteur évangélique, et à tous les ministres des Eglises protestantes, par un protestant dans le doute. In-32. *Montréal*, 1880. B. C. Vol. 207.

Mgr l'Evêque d'Orléans Lettre sur le future concile œcuménique adressée au clergée de son diocèse. (60 pages). 8vo. *Québec*, 1868. B. C. Vol. 172.

Missions. Rapport sur les missions du diocèse de Québec et autres missions qui en ont ci-devant fait partie. Mai 1870, mai 1872, mai 1874. (Nos. 19, 20 et 21) reliés en un vol. in-18. *Québec*.

Monsabré (L. T. R. P. J.-M.-L.). Conférences de Notre Dame de Paris. Exposition du dogme catholique Carême de 1878. Existence et personne de Jésus-Christ. Carême de 1879. Perfections de Jésus-Christ. 2 vol. In-12. *Paris*, 1878.

Myrand (Ernest). La société de St Vincent de Paul. Statistique universelle de ses aumônes. Etude. In-8. *Québec,* 1880. (35 pages). B. C. Vol. 213.

Nehiro–Irinioi aiamihe massinahigan. (100 pages). In-12. B. C. Vol. 180.

Notes Historiques des saints canonisés le 7 juillet et des deux cent-cinq martyrs Japonais béatifiés le 14 juillet 1867 par S. S. Pie IX, Pape. In-32. *Montréal,* 1867. B. C. Vol. 2.9.

Office (l') de l'Eglise, en français, contenant les office pour toute l'année, et plusieurs prières tirées de l'Ecriture Sainte, et des SS. Pères de l'Eglise ; les hymnes traduites en vers français. Avec une instruction pour les fidèles. Nouvelle édition. In-32. *Québec,* 1820.

Prophéties touchant l'Eglise et la révolution, l'antéchrist et les derniers temps. (Extrait du " Courrier du Canada.") In-12. *Québec,* 1870. (22 pages).

Prophéties de Blois (La). Voir : *Richaudeau.*

Protestation de l'Episcopat. (Extrait du " Canadien.") 9 avril 1877. B. C. Vol. 191.

Racine (l'abbé Antoine). Discours pour l'Archiconfrérie de Sainte-Angele Mérici, prononcé dans l'église des Ursulines de Québec. In-12. (20 pages). *Québec,* 1866. B. C. Vol. 189.

Résumé des conférences ecclésiastiques du diocèse de Québec, tenues en 1854 (2 parties). en 1856 et 1857, en 1858 1859, en 1860-61-62. 5 brs. 8vo. *Québec.* B. C. Vol. 199.

Situation du Monde actuel. Coup d'œil sur l'origine et la propagation du mal dans la société, ou développement des principales idées contenues dans le discours de Mgr. Filippi, évêque d'Aquita, prononcé à l'académie de la religion catholique à Rome, le 1er septembre 1864. In-8. *Québec,* 1865. (93 pages). B. C. Vol. 211.

Slight (Rev. B.). The Apocalypse explained, in two series of discourses on the entire book of the revelation of St-John. In-12. *Montreal*, 1855.

Taschereau (Mgr. E. A). Discipline du diocèse de Québec. 8vo. *Québec*, 1879.

VIE DE ST-GEORGES, martyr, IIIe siècle. Pape : St-Marcellin. Empereur : Dioclétien. (31 pages). 8vo. *Montréal*, 1872. B. C. Vol. 184.

Williams (William James). The Bible an instrument of culture. A sermon preached in the cathedral, Quebec, Nov., 10th, 1878. (10 pages). 8vo. *Quebec*. B. C. Vol. 197.

SCIENCES MÉDICALES.

ABEILLE MÉDICALE (L'). Journal de l'Ecole de Médecine et Chirurgie de Montréal, de l'Hôpital Hôtel-Dieu, de la Maternité Ste-Pélagie et des dispensaires. Vol. II, 1880. 8vo. *Montréal*.

ANNUAL CALENDAR of McGill College and University, Montreal. Session 1879–1880 and Session of 1880–81. 2 br. in-12. *Montreal*.

Babault (C.) La chirurgie du foyer. (84 vignettes). In-18. *Paris*, 1877.

BIBLIOTHÈQUE MÉDICALE, ou recueil périodique d'extraits des meilleurs ouvrages de médecine et de chirurgie. Par une société de médecins. (1ère à 16e années.). 51 vol. In-8. *Paris*, 1803-1816.

CATALOGUE of Medical Books. (20 pages). 8vo. B. C. Vol. 179.

Coderre (J. Emery). Vaccination. Etude lne à la société médicale de Montreal. 1872. In-8. *Montréal*. (34 pages) Doubles colonnes. B. C. Vol. 196.

DICTIONNAIRE (Nouveau) de médecine et de chirurgie pratiques, illustré de figures intercalées dans le texte, etc Tome 24 à 29. 6 vol. In-8 royal. *Paris*, 1877-1881.

Ecole de Médecine et de Chirurgie de Montréal, fondée en 1843 et incorporée en 1845. Faculté de Médecine de l'Université-Victoria, sessions 1864-65, 1875-76, 1878-79 et 1879-80. 5 br. In-12. *Montréal*. 1878. B. C. Vol. 189.

Fenwick (George E.). Excision of the knee joint (from the transactions of the Canada Medical Association). In-8. *Montreal*, 1877. (24 pages with engravings.) B. C. Vol. 204.

Hall (W. W.). Sleep: or the hygiene of the night. In-18. *Montreal*, 1870.

Hingston (Wm. H) Remarks on vaccination. In-8. *Montreal*, 1876. (45 pages). B. C. Vol 204

Hough (Franklin R.). Prize essay on medical and vital statistics. In-8 *Albany*, 1867. (37 pages).

Lachapelle (Dr. Séverin). La santé pour tous, ou notions élémentaires de physiologie et d'hygiène à l'usage des familles, suivies du petit guide de la mère auprès de son enfant malade. In-18. *Montréal*, 1880.

Marsden (W.). Facts and observations connected with the management of the Marine and Emigrant hospital, Quebec, including a report of the trial and acquittal of Thos. Burke, for the manslaughter of Wm. Lawson who died from neglect and improper treatment in the hospital. 8vo. *Quebec*, 1852. (31 pages).

McGill University, Montreal. Annual report for the year 1878. (16 pages). 8vo. B. C. Vol. 171.

Paquin (Dr. Elzéar). Le livre des mères ou instructions pratiques sur les principes fondamentaux de la propagation de la race humaine. In-12. *Montréal*, 1880.

Rapport sur les progrès de la médecine en France, par MM. Béclard et Axenfeld. Gd. in-8. *Paris*, 1867.

Robb, M. D. (J.). An oration delivered at the Encœnia in King College, Fredericton, June 26. 1856, on Collegiate Education (18 pages) 8vo *Fredericton*, 1856. B. C. Vol. 171.

Sanson (A.). Notions usuelles de médecine vétérinaire, nouvelle
édition, (13 gravures). In-12. *Paris*, 1876.

———————— Les moutons. Histoire naturelle et zootechnie (56
gravures) In-12, *Paris*, 1875.

Statuts, règles et règlements du Collège des Médecins et Chirur-
giens de la Province de Québec. Sept. 1877. In-8.
Montréal, 1877. B. C. Vol. 201.

Tenth annual report of the New-England female medical college.
In-8. *Boston*, 1859. (20 pages). Vol. Pamphlets on
science and industry.

Union Médicale (L'). du Canada. Revue Médico-chirurgicale,
fondée en 1872. (Années 1879 et 1880). 2. vol. In-8
Montréal.

Université-Laval à Montréal. Discours prononcé par le Dr. D'Or-
sonnens à la réouverture de l'école de médecine et de
chirurgie de Montréal, 1877. (76 pages). 8vo. *Montréal*,
1877. B. C. Vol. 171 et 182.

Victoria College Calendar of the University of Victoria College,
Cobourg, 1876. In-8. Toronto.

STATISTIQUE.

Abstracts of Judicial statistical returns for 1879. Br. Gd. in-8.
Quebec, 1880.

Annuaire Statistique. 1ère année (1878). Royal 8vo. *Paris*.

Civil Service. Voir: Report of the Minister of Agriculture, 1867.
(Printed 1869).

DeCazes (Paul). Notes sur le Canada. Nouvelle édition. In-18.
Québec, 1880.

Dubuc (Louis). France physique, administrative, militaire et
économique. In-18. *Paris*, 1875.

Extraits des rapports statistiques judiciaires pour 1879.

Macdougall's Guide to Manitoba and the North-West ; a concise compendium of informations, containing the latest facts and figures of importance to the emigrant, capitalist, speculator, o. colonist, including the latest governmental maps and official land regulations. In-8, 1880. *Toronto*. (67 p ges). B. C. Vol. 218.

Myrand (Ernest). La société de St-Vincent de Paul. Statistique universelle de ses aumônes. Etude. In-8. *Québec*, 1880. (35 pages). B. C. Vol. 213.

Notes sur le Canada. Aperçu général. — Résumé historique. — Produits naturels et manufactures, etc. Distribution gratuite par ordre du gouvernement canadien. In-18. *Paris*, 1878.

Patterson (Wm. J.). Brief notes relating to the resources, industries, commerce and prospects of New-Foundland. 8vo. *Montreal*, 1876. (16 pages). B. C. Vol. 218.

Rapport, états et statistique du département du Revenu de l'intérieur, relatifs à l'exercice qui a fini le 30 juin 1879. In-8. *Ottawa*, 1880.

Report of the Minister of Agriculture of Quebec, 1867. (Printed 1869). Vide : *Agriculture*.

Statistical abstract of the United States. Finance, Coinage, Commerce, Navigation, Shipping, Postal service, Population, Railroad, Agriculture, Coal and Iron. First and second numbers (1878, 1879). 2 pamphlets in-8. *Washington*.

Statistical abstract for the principal and other foreign countries in each year from 1866 to 1877-78. Sixth numbers.) In-8. *Ottawa*, 1879.

The state of Michigan. Voir : Histoire. Amérique.

TRAVAUX PUBLICS

CANAUX—EXPLORATIONS– GÉNIE CIVIL

Annales du Génie Civil. (E. Lacroix). 1877-78-79. Texte, 3 vol. Gr. in-8. Atlas, 3 vol. 1n 4to.

. **Baillargé** (Charles). City Engineer of Quebec. Reports on the proposed improvements in the mouth of the river St-Charles. (19 pages). 8vo. *Quebec*. B C. Vol. 196.

Berlinguet (F. X.) Rapport et plans sur les améliorations générales dans le hâvre de Québec, soumis aux commissaires du havre. In-4to. *Québec*, 1875. B. C. Vol. A.

Chamberland (J. B. E). Dissertation familière, calme et intègre, sur la question d'un havre de refuge dans le bas-fleuve St-Laurent. (17 pages). 8vo. *Québec*, 1857. B. C. Vol. 197.

Contracts let by Department of Public Works. (10th March 1878, to 10 march, 1879). In-8. *Ottawa*, 1879

Description of townships surveyed. &c Voir : *Topographie*.

Extracts Surveyor's Rep rts of Townships Surveys in Manitoba, Keewatin, and North West Territories. (82 pages). 8vo. B. C. Vol. 196.

Keefer (Thos C.). Rapport sur une exploration préliminaire faite dans la vue de fournir de l'eau à la ville de Montréal. In-8. (29 pages). *Montréal*, 1852.

Le Cœur l'a tirée de la raison. Pétition en faveur de la politique que nous devons suivre en Afrique, de la construction immédiate du transsaharien, &c., &c., adressée à MM. les Députés, Sénateurs, Ministres et Président de la république, et dédiée à M. le Président des États-Unis, &c. In-8 *Paris*. (111 pages) (L'auteur qui ne signe pas est Gratien Bédier)

Lesseps (F. de). Le percement de l'Isthme de Suez. In-32. *Paris*. (Br. Fr.)

Macfarlane (Thomas). Transactions of the American institute of
Mining Engineers. *Silver Islet.* B. C. Vol. 197.

Martindale (Lieut.-Col. B. H.). Engineering and Engineers. A
Paper read before the literary and historical society
of Quebec, 12th April, 1871. (27 pages). 8vo. *Quebec*,
1871. B. C. Vol. 197.

MENS CONSCIA RECTI ; ou observations sur la question d'un havre de
de refuge par les pétitionnaires d'une requête en date
du 17 fév. 1856, et demandant une allocation pour
améliorations au grand havre du Bic. In-8. *Québec*,
1856. (21 pages). B. C. Vol. 211.

OBSERVATIONS on certain plans for the improvement of the Quebec
harbour which have been submitted to the harbour
commissioners of this city. In-4to. *Quebec*, (19 pages)
B. C. Vol. A.

QUEBEC HARBOUR Commissioners reports for the year 1879. (48
pages). 8vo. *Quebec*. B. C. Vol. 197.

RÉPONSE à une adresse à Son Excellence le Gouv.-Gén. le priant
de faire mettre devant cette chambre, copie de toutes
instructions données par le gouvrn. prov. à toute
personne employée dans l'exploration de la contrée
comprise entre le lac Supérieure et la Rivière Rouge.
De toute correspondance, de tout rapport. In-8.
Toronto, 10 mai 1858.

RÉPONSE A ORDRE. Correspondance relative à la digue et aux écluses de Carillon, depuis leur commencement en 1873
jusqu'au 10 mai 1879. In-8. *Ottawa*, 1880.

RÉPONSE à une adresse de l'Assemblée Législative, en date du 11
août 1879, demandant copies du contrat pour la
construction du pont sur le rivière Ottawa, vis-à-vis
de Hull, de toutes les soumissions, de la correspondance et des documents concernant la construction
du dit pont, 1880.

REPORT on the boundaries between Ontario and the unorganized
territories of the Dominion, 1880. Gd. in-8. *Ottawa*.

RETURN TO ORDER. Correspondence relative to the Carillon dam
and locks, 1873-1879. In-8. *Ottawa*, 1880.

REPORT on adulteration of food, being supplement No. III, to the report of the Department of Inland Revenue, 1879. In 8. *Ottawa.*

Witber (Hon M. D.) Speech in the Senate of Michigan, advocating the construction of the Michigan Ship Canal. Br. in-8, 1878. Voir: Droit Américain : Michigan.

CHEMINS DE FER.

Adams (Wm. B.). Practical remarks on railways and permanent way, as adapted to the various requirements of transit. With diagrams. In-8. *London*, 1854. (16 pages.) Vol. Pamphlets on science and industry.

ADDRESS of his Excellency the Governor-General of Canada, on the subject of the relations between the Dominion government and British Columbia, in respect to the Canadian Pacific Railway. (32 pages). In-12. *Victoria*, 1876. B. C Vol. 191.

Allan (Hugh.) The *Times* and its correspondents on canadian railways. The Montreal Northern Colonization Railway Company. (52 pages). 8vo. *London*, 1875. B. C. Vol. 175.

ANSWER to an address of the Legislative Assembly of the Province of Quebec dated the 27 June last to his Hon. Lt.-Governor, asking for all the tenders sent to the department of public works respecting the heating apparatus for the public department now in course of construction, as well as all correspondence relating to such tenders. (76 pages). 8vo. *Quebec*, 1879. B. C. Vol. 192.

Beaubien (Hon. Louis). Discours sur les chemins de fer ; nos communications avec l'ouest. (40 pages). 8vo. B. C. Vol. 187.

BUREAU de l'ingénieur en chef du chemin de fer de colonisation du nord de Montreal. Lettre de M. Legge, I. C. Montréal, Septembre 1874. B. C. Vol. 177.

Cauchon (Joseph). A Messieurs les Directeurs du chemin de fer de la rive nord. Considérations générales. (52 pages) 8vo. 1854. B. C. Vol. 187.

CHEMIN DE FER DU NORD. Rapport du comité provisoire de direction. (7 pages) 3 juin 1852. Rapport d'Edward Stavely, ingénieur. 11 mai 1852 Avec carte. Vide : *Chemins de fer du Canada* 1 vol. In-8.

CHEMIN DE FER Québec, Montréal, Ottawa et Occidental. Division ouest. Rapport pour les six mois finissant le 28 février, 1879. (12 pages). 8vo. B. C. Vol. 180.

CHEMIN DE FER de la rive nord. Rapport de l'ingénieur en chef et des directeurs sur les ressources probables de ce chemin. (52 pages). 8vo. *Québec*, 1854. B. C. Vol. 182 et 187.

CHEMIN DE FER Quebec, Montréal, Ottawa et Occidental, clauses générales, du contrat de louage ou affermage de la mise en exploitation du chemin de fer. (34 pages). 8vo. 1879. B. C. Vol. 184.

CHEMIN DE FER de colonisation du nord de Montréal. Rapport de Chs. Legge, Ecr., I. C., et Duncan Macdonald, Ecr., (8 pages). 8vo. B. C. Vol. 175.

CHEMIN DE FER de Montreal et Bytown. (Prospectus). Avec carte In-8. *Montréal*, 1853 (23 pages). Vide: *Chemins de fer du Canada.* 1 vol. in-8.

CHEMIN DE FER QUÉBEC ET SAGUENAY. Rapport de l'ingénieur en chef, sur l'étude de la ligne du chemin de fer de Québec et du Saguenay ; règlements pour la gouverne de la compagnie. In-8. *Québec*, 1854. Vide : *Chemins de fer du Canada.* Un vol. in-8.

CHEMIN DE FER CANADIEN DU PACIFIQUE. (Sandford Fleming, ingénieur en chef.) Rapport adressé à l'Hon. Ministre des Travaux Publics, Canada, 1879. In-8. *Ottawa*, 1879.

CONTRATS pour la construction du chemin de fer Canadien du Pacifique. In-8. *Ottawa*, 1880.

Copie du rapport d'un comité de l'hon. Conseil Exécutif, en date
du 18 déc. 1878, approuvé par le Lt.-Gouverneur le ·
19 déc. 1878, concernant le chemin de fer Q. M. O.
& O. In-8. 1880. (21 pages).

Copies of all documents relating to the Commission of the Quebec,
Montreal, Ottawa and Occidental railway. 8vo.
Quebec, 1879.

Copies des documents ayant rapport à la commission du chemin de
fer Q. M. O. & O. In 8. Quebec, 1879.

Fleming (Sanford). Rapport sur la question qui lui a été sou-
mise par la compagnie du chemin de fer du nord,
concernant les difficultés qui existent entre l'ingénieur en chef et l'entrepreneur. (24 pages). 8vo.
Québec, 1875. B. C. Vol. 187 et 177.

Fleming. Voir : Railway.

Foster (John). Railway from Lake Superior to red river settle-
ment. (16 pages). 8vo. Montreal. 1869 B. C. Vol. 187.
Grand Trunk vs. North Shore. A review of Mr. Potters petition by
General Seymour. (15 pages). 8vo. 1875. B. C.
Vol. 187.

Hewson (General M. Rutt). The Canadian Pacific railway. In-8.
56 pages). With a map Toronto, 1880. B. C. Vol. 191.

Keefer (Thos C.). Report on the preliminary survey of the
Kingston and Toronto section of the Canada Trunk
Railway. In-8. Toronto, 1851. (32 pages. Vide :
Chemins de fer du Canada. Un vol. in-8.

——————— Philosophie des chemins de fer. Publiée par
ordre des directeurs de la compagnie de la Grande
Jonction du chemin de fer du St Laurent et de
l'Outaouis. 4· édition. In-8. Mont éal, 1853.· Vide :
Chemins de fer du Canada. Un vol. in-8.

——————— Rapport sur une exploration préliminaire faite
dans la vue de fournir de l'eau a la ville de Montréal.
(29 pages). 8vo. Montréal, 1852. B. C. Vol. 182.

Langelier (J. C.). La nécessité et la possibilité d'un chemin de
fer de Québec au lac St-Jean. (30 pages. 8vo.
Québec, 1873. B. C. Vol. 187.

Langelier (l'Hon. F.). Le Pacifique. Historique de la question.
Plan de M. Mackenzie en 1874. Syndicat de St-
Paul.—Syndicat Canadien. — Plan de l'opposition.
Conférence donnée au Club de la Réforme, à Qué-
bec, le 4 février 1881. In-12. *Québec*, 1881. (38
pages. B. C. Vol. 216.

Legge (Charles). Compagnie du chemin à lisses de colonisation
du Nord de Montréal. Rapport de l'exploration à
la Baie Georgienne. (38 pages). 8vo. *Montréal*,
1874. B. C. Vol. 187.

———————— Montreal Northern Colonization Railway. Report on exploration of routes north and south sides
of Ottawa river (8 pages.) 8vo. *Montréal*. B. C.
Vol. 175

———————— & **Duncan Macdonald**. Report on Northern
Colonization railway (8 pages). 8vo. B. C. Vol. 175.

Levis and Kennebec Railway. Prospectus. (32 pages). 8vo. *Quebec*,
1873 B. C. Vol. 187.

Malsburg (W. G. J.). Rapport sur l'embranchement du chemin
de fer projeté de St. Eustache à la jonction Ste. Thérèse. (36 pages). 8vo. *Montreal*, 1878. B. C. Vol. 187.

Montreal Northern Colonization Railway. Report of the chief
engineer, Mr. Legge, on the Ottawa Valley extension. vs. Mr. Mackenzie's Air Line, (6 pages). 8vo.
Montreal, B. C. Vol. 175.

Montreal Northern Colonization Railway yea or Nay ? (8 pages).
8vo. B. C. Vol. 175 et vol. 187.

Montreal Northern Colonization Railway Co. The charter, pro-
vinced and federal laws, judicial decisions and divers
documents respecting the company, with contract
granted to MM. Duncan, Macdonald & Co. (196
pages). 8vo. *Montreal*, 1873. B. C. Vol. 175.

NORTH SHORE RAILWAY LEGAL PROCEEDINGS. Seymour *vs.* McGreevy, Agreement of August 18th 1873. (63 pages). 8vo. *Quebec.* B. C. Vol. 200.

NORTH SHORE RAILWAY, its legal and financial basis, with map showing its location and connection. (18 pages). 8vo. avec appendix de 38 pages. *Montreal,* 1878. B. C. Vol. 176.

NORTH SHORE RAILWAY. Report of the president and board of directors of the North Shore Railway Company, presented and adopted at the general annual meeting of the share and bondholders held the 20 may 1875. B. C. Vol. 176.

NORTH SHORE RAILWAY. A letter from the consulting engineer to the secretary, accompanied by some reasons why the railway company has been unable to complete the road under existing arrangements. (20 pages). 8vo. 1875. B. C. Vol. 176.

NORTH SHORE RAILWAY. Communication from the chief engineer, to the Boards of Directors, requesting to be relieved. (5 pages). 8vo. B. C. Vol. 187.

NORTH SHORE RAILWAY. The chief engineer against the president. (7 pages). 8vo. 1875. B C. Vol. 187.

NORTH SHORE RAILWAY OF CANADA. Mortgage Bond. (26 pages). 8vo. B. C. Vol. 187.

NORTH SHORE RAILWAY. Mr, Sandford Fleming's report on the subject referred to him by the North Shore Railway Company, with reference to the existing difficulties between the chief engineer and contractors. (27 pages). In-82. 1875. B. C. Vol. 176 et 187.

NORTH SHORE RAILWAY COMPANY. Statement by the president of the company with reference to the chief engineer. (16 pages). In-32. 1876. B. C. Vol. 176.

NORTHERN RAILWAY of Canada, 1878. Vide: Legge. B. C. Vol 179.

NORTHERN COLONIZATION RAILWAY. Visit of the president and directors to St-Jerome. An hour at Ste-Therese, they visit the college and receive an adress. Warm welcome by the good people of St-Jerome. Diner of the directors by the municipal council. Important speeches. (8 pages.) 8vo. *Montreal*, 1872. B. C. Vol. 175.

NORTHERN RAILWAY. Report of the select committee on the affairs of the Northern Extension Railway. (206 pages). 8vo. *Ottawa*, 1877. Vol. 178.

Parsloe (Joseph). Our railways. Sketches historical and descriptive, wit practical information as to fares and rates, &c., and a chapter on railway reform. In-12. *London*, 1878.

PROCÉDÉS du comité général du chemin de fer du Nord. In-8. *Québec*, 1852. (24 pages).

PROCÉS-VERBAL des dépositions prises devant le comité spécial du Sénat, nommé pour s'enquérir de toutes matières relatives au chemin de fer Canadien et au télégraphe du Pacifique, à l'ouest du lac Supérieur. In-8. *Ottawa*, 1879.

QUEBEC AND LAKE ST-JOHN RAILWAY. Prospectus. (54 pages.) 8vo. *Quebec*, 1875. B. C. Vol. 187.

QUEBEC, MONTREAL AND OCCIDENTAL RAILWAY. An act respecting the construction of the. (13 pages). 8vo. *Quebec*, 1875. B C. Vol. 176.

QUEBEC, M. O. & O. RAILWAY. Report of the Commissioners on the operations of the commissary, the extent and nature of the works done up to the 1st december 1877. (90 pages). *Quebec*, 1878. B. C. Vol. 176.

RAPPORT ET DOCUMENTS relatifs au chemin de fer Canadien du Pacifique (Sandford Fleming). In-8. *Ottawa*, 1880.

RAPPORTS des délégués des fermiers sur le Canada, considéré comme champ ouvert à l'imigration. (Appendice au rapport sur l'agriculture.) In 8. *Ottawa*, 1880.

RAPPORT des directeurs et du principal ingénieur de la compagnie
du chemin de fer de la Grande Jonction du St-Lau
rent et de l'Ontaonis. In-8. *Montréal*, 1853. Avec
carte. Vide: *Chemins de fer du Canada.* 1 vol. in-8.

RAPPORT de l'ingénieur-en-chef, sur l'étude du chemin de fer de
la rive Nord, et des directeurs, sur les ressources probables de ce chemin. In-8. (52 pages). *Québec*, 1854.

RAPPORT du président et du bureau des directeurs de la compagnie
du chemin de fer de la rive nord, présenté et adopté
à l'assemblée générale annuelle des actionnaires et
des porteurs de bons de la compagnie, tenue le 20
mai 1875. (4 pages). 8vo. Vol. 177.

RAPPORT du comité spécial sur les affaires du chemin de fer du
nord et du prolongement nord. (235 pages). 8vo.
Ottawa, 1877. Vol. 177.

RAPPORT de la commission nommée pour examiner les livres,
comptes et pièces justificatives de la compagnie du
chemin de fer du nord du Canada, ainsi que les dé-
boursés et dépenses de la dite compagnie; ainsi que
les témoignages entendus devant la dite commission.
(78 pages). 8vo. *Ottawa*, 1879. Vol. 177 et 178.

RAILWAY INTERESTS of the city of Montreal, submitted for the consi-
deration of the merchants of this city. (11 pages).
8vo. *Montreal*, 1872. B. C. Vol. 175.

RAILWAY STATISTICS. Reports. 1878-79. In-8. *Ottawa*, 1880.

RAILWAY ACT. The consolidated railway act, 1879, 42 Vict b 9.
With an index and synopsis of its provisions. By
R. J. Wicksteed. (77 pages). 8vo. *Ottawa*, 1879.

RAPPORT des commissaires du chemin de fer de Québec, Montréal, Ottawa et Occidental, sur les opérations de la
commission et l'étendue et la nature des travaux
jusqu'au 1er décembre 1877. (92 pages). 8vo. *Québec*, 1877. B. C. Vol. 177.

RÈGLEMENTS de la compagnie du chemin de fer de la rive nord.
By-laws of the North Shore Railway Company. (15
pages.) 8vo. *Ottawa*, 1877. B. C. Vol. 177.

RÉPONSE à une adresse de l'Assemblée Législative (11 août 1879), priant Son H. le lieutenant-gouverneur de faire déposer " copie de tous ordres en Conseil, etc., pour l'affermage des chemins de fer du gouvernement. *Québec*, 1880.

REPORT. Q. M. O. & O. R. Western Division. Six months. Report Ending 28th February 1879. (12 pages). 8vo. 1879. P. C. Vol. 180.

REPORT. Q. M. O. & O. R. Accompanying supplementary report for proposals for leasing. (No. 100). In-8. 1880. (37 pages).

REPORT. Quebec Railway and harbour works, published by authority of the Quebec Harbour Commissioners. No. 1 and No. 2. (1878, 1874). 2 br. in-8. *Quebec*, (13 pages).

REPORT. Quebec Harbour Commissionners reports for the year 1879. Br. In-8. (48 pages). Vol. 196.

REPORT. Charles Legge, Civil Engineer. Montreal Northern Colonization Railway. Report on Hochelaga and St-Jérôme section. (15 pages). 8vo. *Montreal*, 1869. B. C. Vol. 175.

REPORT of the commission appointed for investigating the books, accounts and vouchers of the Northern Railway Company of Canada and the disboursements and expenditures of the said company. (74 pages). 8vo. *Ottawa*, 1879. B. C. Vol. 178.

REPORT on a Railway Suspension Bridge, over the St-Lawrence, near Quebec. (67 pages). *Quebec*, 1852. B. C. Vol. 187.

REPORT of Walter Shanley, referee. Voir : *Shanley.*

REPORT AND DOCUMENTS in reference to the Canadian Pacific Railway. Sandford Fleming, engineer, 1880. In-8. *Ottawa.*

REPORT. Tenders for works on the Canadian Pacific Railway, since January, 1879. In-8. *Ottawa*, 1880.

REPORT of the select standing committee on public accounts, in reference to expenditure on the Canadian Pacific railway between fort William and Red River. 8vo. *Ottawa*, 1879

RETURN TO ADDRESS. Papers relating to the claims of Murray & Co contractors, Intercolonial railway. In-8. *Ottawa*,

——————— Canadian Pacific railway minutes of evidence taken before the select committee of the Senate. In-8. *Ottawa*, 1879.

Riddell (Henry). Railway parliamentary practice, with an appendix containing the standing orders of both Houses of parliament relating to railways, &c. To which is added a treatise on the rights of parties to oppose the preamble and clauses of a railway bill, &c. In-18. *London*, 1846.

Rottermund (le Cte. de). Second rapport sur l'exploration des lacs Supérieur et Huron. In-8. *Toronto*, 1857. (50 pages). Vide : *Cheminsde fer du Canada.* 1 vol. In-8.

Scott (Charles). Chemin de fer de Lévis et Kennebec et ses embarras. (32 pages). 8vo. *Québec*, 1877. B. C. Vol. 187.

——————— The Levis and Kennebec railway and its difficulties. (31 pages). 8vo. *Quebec*, 1877. B. C. Vol. 200.

Seymour (Silas). North Shore railway. Further statement of facts, with a supplement. In-8. *Quebec*, 1877. (30 pages). B. C. Vol. 204.

——————— North Shore railway. some reasons why, &c., (20 pages). 8vo. B. C. Vol. 187.

——————— North Shore railway company. Report of the engineer-in-chief to the new board of directors (10 pages). 8vo. 1875. B. C. Vol. 176.

Shanly (Walter C. Q.). Quebec, Montreal, Ottawa & Occidental railway. Report on the rival routes between Maskinongé and Hochelaga. (22 pages). 8vo. *Quebec*, 1878. B. C. Vol. 176.

Shanly (Walter J. C.). Rapport sur le chemin de fer de Québec, Montréal, Ottawa et Occidental et sur les routes rivales entre Maskinongé et Hochelaga. (19 pages). 8vo. *Quebec*, 1878. B. C. Vol. 177.

Shanly (Walter). Report in the matter of Duncan Macdonald, contractor, and the Quebec Government In-8. *Three-Rivers*, 1879. B. C. Vol. 134.

———————— Rapport au sujet de l'affaire de Duncan Macdonald, entrepreneur de la section Ouest du chemin de Q. M. O. et O. et le gouvernement de la province de Québec. (22 pages.) 8vo. *Québec*, 1879. B. C. Vol. 184.

Smith (James). Havre de refuge de Rimouski vs. Bic. (15 pages). 8vo. *Québec*, 1856. B. C. Vol. 187.

Statistiques des chemins de fer du Canada, etc., 1878, 1879. In-8. *Ottawa*.

Syndicate (The). What is it? A story for young canadians, by Dalmaine. In-12. (23 pages). B. C. Vol. 214.

Tassé (Joseph). Le chemin de fer Canadien du Pacifique. (62 pages). 8vo. *Montréal*, 1872. B. C. Vol. 187.

Tessier (G.) The International Railway. (32 pages). *Québec*, 1867. B. C. Vol. 187.

The Dominion of Canada and the Canadian Pacific Railwaw. (42 pages). 8vo. *Victoria*, 1874. B. C. Vol. 187.

The International Railway and Steam Navigation Guide. Br. in-12. *Montreal*, 1872.

Waddington (Alfred). Sketch of the proposed line of Overland Railroad through British North America. (29 pages). 8vo. *Ottawa*, 1871. B. C. Vol. 187.

Wicksteed (R. J.) Voir: Railway Act.

VOYAGES.

Barth (le docteur H.), Voyages et découvertes dans l'Afrique septentrionale et centrale, pendant les années 1849 à 1855. Traduction de l'Allemand par Paul Ithier. Edition enrichie de gravures, de chromo-lithographies et du portrait de l'auteur. 4 vols. in-8. *Paris,* 1860.

Boucher de la Bruère. Le Saguenay. Lettres au *Courrier de St-Hyacinte.* Br. in-12. *St-Hyacinthe,* 1880. (43 pages).

Bousquet (Georges). Le Japon de nos jours et les échelles de l'extrême Orient. Avec trois cartes. 2 vols in-18. *Paris.* 1877.

Boussenard. (Ls.) A travers l'Australie. In-8. *St-Hyacinthe,* 1880.

Butler (W. F.). The wild northland : being the story of a winter journey, with dogs, across northern North America. With illustrations and route map. In-12. *Montréal,* 1874.

Burnaby (Fred.). Une visite à Khiva. Aventures de voyages dans l'Asie centrale. Traduit de l'anglais par Hephell. Ouvrage enrichi de 3 cartes. *Paris,* 1877.

Chappell (Lt. Edw.). Voyage of H. M. ship Rosamond to New-foundland and the Southern Coast of Labrador. 8vo. *London,* 1818. Illustrated.

Clapin (Sylva). Souvenirs et impressions de voyages. 1ère série. Londres et Paris. In-8. *St-Hyacinthe,* 1880. (43 p.)

Cook (Cpls. J.). Narrative of voyages round the world : with an account of his life ; also an appendix detailing the progress of voyage, after the death of Capt. Cook. In-32. *London,* 1841.

D'Ursel (le Cte. Ch.). Sud-Amérique. Séjours et voyages au Brésil, à la Plata, au Chili, en Bolivie et au Pérou. Ouvrage enrichi d'une carte et de gravures. 3e édition. In-8. *Paris*, 1880.

Ernouf. Du Weser au Zambège. Excursion dans l'Afrique aust. ale. Chez les Zoulous. Souvenirs de Californie. (Imité de l'Allemand). In-12. *Paris*, 1877.

Gillmore (Parker). The Great thirst land: A ride through Natal, Orange Free State, Transvaal, and Kalahari desert. In-6. *London*.

Guide. The all-round route Guide: the Hudson river; Trenton falls; Niagara, Toronto: river St-Lawrence, &c. 2nd edition. In-18. *Montreal*, 1869.

Hall (Chs. Francis). Deux ans chez les Esquimaux. Voyage de découvertes et d'aventures. Abrégé par Mme. H. Loreau. In-8. *Paris*, 1880.

Lamothe (H. de). Cinq mois chez les français d'Amérique. Voyage au Canada et à la Riviere Rouge du Nord. 2e édition, contenant 4 cartes et 24 gravures sur bois. In-12. *Paris*, 1880.

Livingstone. Voir : *Walker*.

Mouhot (Henri). Voyage dans les royaumes de Siam, de Cambodge, de Laos et autres parties centrales de l'Indo-Chine. Relation extraite du journal de l'auteur par F. de Lanoye. In-18. *Paris*, 1872.

Regnard (J. F.). Voyage de Laponie. Notice par A. Lepage. In-12. *Paris*, 1875.

Rachechouart (le Cte. J. de). Les Indes, la Birmanie, la Malaisie, Le Japon et les Etats-Unis. Ouvrages orné de gravures. In-12. *Paris*, 1879.

Smet (R. P. de). Voyages aux montagnes rocheuses, chez les tribus indiennes du vaste territoire de l'Orégon, etc. In-18. *Little*, 1845.

Stanley (Henri M.). A travers le continent mystérieux. Découverte des sources méridionales du Nil, etc. Ouvrage traduit de l'anglais par Mme H. Loreau, et contenant 9 cartes et 150 gravures. 2 vol roy. in-8. *Paris*, 1879.

——— ——— ——— Through the dark continent, or the sources of the Nile around the great lakes of equatorial Africa and down the Livingstone river to the Atlantic Ocean. 2 vol. in one. Gd. In 8. *Toronto*, 1878.

THE GREAT NORTHERN ROUTE. The Ontario and St-Lawrence steamboat Company's handbook for travellers to Niigara Fall, Montreal and Quebec, and through lake Champlain to Saratoga springs. Illustrated with maps, and numerous engravings. In-18. *Buffalo*, 1852.

Thomson (J.). L'Indo-Chine et la Chine. Récits de voyages. Abrégé par H. Vatemare. In-8. *Paris*, 1879.

TOURIST's Guide du touriste. Québec et Ontario via Q. M. O. & O., 1879. In-18. *Montréal*.

Turenne (le Cte L. de). Quatorze mois dans l'Amérique du Nord (1875–1876). Avec carte d'une partie du N. Ouest. 2 vols. in-18. *Paris*, 1878.

VOYAGE dans les deux Amériques. Publié sous la direction de Alcide d'Orbigny. 2e édition. In-4to. *Paris*, 1867.

Waller (Horace). The last journal of David Livingstone, in central Africa, from 1865 to his death. Continued by a narrative of his last moments and suff·rings, obtained from his faithful servants Chume and Susi. 2 vols. in-8. With portrait, maps, and illustrations. *London*, 1874.

TABLE DES MATIÈRES.

—

Agriculture......	5
————(Arboriculture)........	5
————(Horticulture)......	5
Art héraldique	16
Beaux-Arts..........	16
Bibliographie..........	17
Biographie....	20
Chimie.....	199
Colonisation........	14
Commerce	
Droit Américain.....	24
Droit Anglais.......	40
Droit Canadien........	55
Droit Commercial........	80
Droit Constitutionnel........	43
Droit Ecclésiastique........	80
Droit Etranger...........	81
Droit Français.......	82
Droit Romain........	86

. Economie Politique.. 87

Economie Rurale... ....

Economie Sociale...... 87

Education............ 96

Encyclopédie................ 103

Expositions 116

Géographie............... 117

Histoire (Afrique)....................... 126

————(Amérique)................ 126

———— (Angleterre). 131

————(Archéologie) ....; 122

———— (Asie).............................. 134

——— —(Canada)... 134

————(Europe)................. 149

——— —(France)..................,............ 150

———— --(Universelle)........ 154

Histoire Naturelle (en général)........ 155

———— ———— (Anthropologie)..... 173

———— ———— (Botanique)...... 175

———— ————(Géologie).................. 176

———— ———— (Minéralogie)................................. 176

———— ———— (Zoologie)............... 173

Industrie............ 179

Jeux.. 183

Journaux........ 103

Législation ....

Littérature, (Classiques)............... 183

. ———— ————(Philologie)....... 183

———— ————(Poésie) 184

———— ——— —(Prose)... 187

Mathématique,... 199

Marine.................. .... I94

Milice 194

Morale 197

Philosophie....... 197

Physique........... ....— 199

Politique.............. ....—.............................—................ 202

Publications périodiques.................... 103

Religion ....—................................... 209

Revues ....,.............................. 103

Sciences médicales... 213

Statistique....................... ....'...................... 215

Travaux publics.................. 217

——————(Canaux)...... 217

———————(Chemins de fer).............. ....,..... 217

——————— (Explorations) 217

———————(Génie civil) 217

Voyages ....— 229